COMPREENDER E ENSINAR
Por uma docência da melhor qualidade

Dados Internacionais de Catalogação na Publicação (CIP)
(Câmara Brasileira do Livro, SP, Brasil)

Rios, Terezinha Azerêdo
   Compreender e ensinar : por uma docência da melhor qualidade / Terezinha Azerêdo Rios. – 8. ed. – São Paulo : Cortez, 2010.

   Bibliografia.
   ISBN 978-85-249-1607-6

   1. Educação – Filosofia   2. Ensino   3. Ensino – Finalidades e objetivos   I. Título.

10-05059   CDD-371.102

Índices para catálogo sistemático:
   1. Docência : Educação   371.102

Terezinha Azerêdo Rios

COMPREENDER E ENSINAR
Por uma docência da melhor qualidade

8ª edição
6ª reimpressão

COMPREENDER E ENSINAR: Por uma docência da melhor qualidade
Terezinha Azerêdo Rios

Capa: DAC
Preparação de originais: Carmen Tereza da Costa
Revisão: Maria de Lourdes de Almeida
Composição: Linea Editora Ltda.
Coordenação editorial: Danilo A. Q. Morales

Nenhuma parte desta obra pode ser reproduzida ou duplicada sem autorização expressa da autora e do editor.

© 2001 by Autora

Direitos para esta edição
CORTEZ EDITORA
Rua Monte Alegre, 1074 — Perdizes
05014-001 — São Paulo-SP
Tel.: (11) 3864-0111   Fax: (11) 3864-4290
E-mail: cortez@cortezeditora.com.br
www.cortezeditora.com.br

Impresso no Brasil — dezembro de 2021

O ofício de ensinar não é para aventureiros, é para profissionais, homens e mulheres que, além dos conhecimentos na área dos conteúdos específicos e da educação, assumem a construção da liberdade e da cidadania do outro como condição mesma de realização de sua própria liberdade e cidadania.

Ildeu Moreira Coelho

Este trabalho é dedicado aos homens e às mulheres que enfrentam no Brasil de hoje o desafio cotidiano de dar significado ao ofício de ensinar.

Desde que, adulto, comecei a escrever romances, tem-me animado a ideia de que o menos que um escritor pode fazer, numa época de atrocidades e injustiças como a nossa, é acender a sua lâmpada, fazer luz sobre a realidade de seu mundo, evitando que sobre ele caia a escuridão, propícia aos ladrões, aos assassinos e aos tiranos. Sim, segurar a lâmpada, a despeito da náusea e do horror. Se não tivermos uma lâmpada elétrica, acendamos o nosso toco de vela ou, em último caso, risquemos fósforos repetidamente, como um sinal de que não desertamos nosso posto.

Érico Veríssimo, *Solo de clarineta*

Sumário

Prefácio 11

Apresentação 15

Introdução 17

CAPÍTULO 1 – Compreender e ensinar no mundo
contemporâneo 35
   Nosso mundo, nosso tempo — precariedades e
   urgências 38
   Compreender o mundo 44
   Ensinar o mundo 51
   Didática e Filosofia da Educação: uma interlocução 56

CAPÍTULO 2 – Competência e qualidade na docência 63
   Em busca da significação dos conceitos: o recurso à
   lógica 65
   Qualidade ou qualidades? 68
   Competência ou competências? 76

CAPÍTULO 3 – Dimensões da competência 93

A dimensão técnica 94

A dimensão estética 96

As dimensões ética e política 100

CAPÍTULO 4 – Felicidadania 111

Cidadania 112

Democracia 115

Felicidade 118

Alteridade e autonomia 120

A ação docente e a construção da felicidadania 125

CAPÍTULO 5 – Certezas provisórias 135

Bibliografia 145

Prefácio

A atividade docente vem se modificando em decorrência de transformações nas concepções de escola e nas formas de construção do saber, resultando na necessidade de se repensar a intervenção pedagógico-didática na prática escolar. Um dos aspectos cruciais dessas transformações é o investimento na qualidade da formação dos docentes e no aperfeiçoamento das condições de trabalho nas escolas, para que favoreçam a construção coletiva de projetos pedagógicos capazes de alterar os quadros de reprovação, de retenção e da qualidade social e humana dos resultados da escolarização.

Na sociedade contemporânea, as rápidas transformações no mundo do trabalho, o avanço tecnológico configurando a sociedade virtual e os meios de informação e comunicação incidem com bastante força na escola, aumentando os desafios para torná-la uma conquista democrática efetiva. Não é tarefa simples, nem para poucos. Transformar as escolas em suas práticas e culturas tradicionais e burocráticas, que através da retenção e da evasão acentuam a exclusão social, em escolas que eduquem as crianças e os jovens, propiciando-lhes um desenvolvimento cultural, científico, tecnológico e humano, exige o esforço do coletivo da escola — professores, funcionários, diretores e pais de alunos — e dos sindicatos, dos governantes e de outros grupos sociais organizados.

Entendendo que a democratização do ensino passa pelos professores, por sua formação, sua valorização profissional, suas condições de trabalho, as pesquisas têm apontado para a importância do investimento no seu desenvolvimento profissional. O que envolve formação inicial e contínua articulada a um processo de valorização identitária e profissional dos professores. Identidade que é *epistemológica*, ou seja, que reconhece a docência como um *campo de conhecimentos específicos* configurados em quatro grandes conjuntos, a saber: conteúdos das diversas áreas do saber e do ensino; conteúdos didático-pedagógicos (diretamente relacionados ao campo da prática profissional); conteúdos relacionados a saberes pedagógicos mais amplos (do campo teórico da prática educacional); conteúdos ligados à explicitação do sentido da existência humana (individual, sensibilidade pessoal e social). E identidade que é *profissional*. Ou seja, a docência constitui um campo específico de intervenção profissional na prática social. Assim, o desenvolvimento profissional dos professores tem se constituído em objetivo de políticas que valorizam a sua formação não mais baseada na racionalidade técnica, que os considera como mero executores de decisões alheias, mas numa perspectiva que considera sua capacidade de decidir. Essa valorização indica a centralidade que os professores hoje ocupam na definição e implementação de políticas de ensino. Sem sua participação, seu consentimento, seus saberes, seus valores, suas análises na definição de políticas de ensinar, de organizar e de gerir escolas, de propor mudanças nas formas de ensinar, de definir currículos, projetos educacionais e formas de trabalho pedagógico, quaisquer diretrizes, por melhores que sejam suas intenções, não se efetivam. Sem o consentimento dos professores, mudanças não se realizam.

Por isso, não é qualquer um que pode ser professor.

Por isso também não é qualquer professor que consegue fazer frente a esses desafios. É preciso um professor que exerça uma **docência da melhor qualidade**.

Qualidade, competência, ética... Palavras tão rapidamente difundidas, que perderam seu significado. Utilizadas em contextos tão diferentes e por atores políticos com direção de sentido muitas vezes opostos, volatilizaram-se. A ponto de não sabermos mais qual o seu significado, que caminhos iluminam e a que finalidades nos conduzem.

Em sua tese de doutorado, **Por uma docência da melhor qualidade**, ora em livro, a professora Terezinha Rios, com rigor apaixonado e ousadia intelectual, nos apresenta os resultados de sua pesquisa conceitual sobre esses temas tão necessários ao saber fazer/ser docente. E conclui contrapondo-se às orientações de políticas vigentes em nosso país, pelos conceitos de competência, no singular, e o de qualidade em direção oposta à da 'qualidade total', na medida em que amplia nosso olhar para as questões da ética e da estética na docência.

Uma tese de Filosofia e de Didática como somente Terezinha poderia realizar, considerando sua brilhante trajetória de filósofa educadora.

Elaborada junto ao Grupo de Estudos e Pesquisas sobre Tendências Investigativas Contemporâneas na Formação de Professores, que coordenamos na área de Didática na Pós-Graduação da FEUSP, a tese de Terezinha amplia nossos horizontes e possibilidades na realização de novas pesquisas compromissadas com uma educação pública democrática e de qualidade social. Em livro, abre-se aos educadores em geral, especialmente aos professores que estão no cerne da motivação da autora para construí-la.

Selma Garrido Pimenta
São Paulo, fevereiro de 2001.

APRESENTAÇÃO

Em agosto de 2000, apresentei e defendi minha tese de doutorado na Faculdade de Educação da Universidade de São Paulo. Tive naquele momento a oportunidade de ter meu trabalho apreciado por um conjunto de educadores da melhor qualidade: Selma Garrido Pimenta, que foi minha orientadora, Mario Sergio Cortella e José Carlos Libâneo, que já haviam feito a leitura e comentário por ocasião da qualificação, e Maria Isabel da Cunha e José Cerchi Fusari, que a eles se juntaram, numa crítica rigorosa e afetuosa.

Rigor e afeto. Dois elementos cuja presença na crítica é fundamental para torná-la consistente e efetiva. Por isso é que inicio por onde se costumam terminar as apresentações dos livros — pelo agradecimento a esses educadores, com os quais, ao partilhar a vida e o trabalho, me sinto estimulada a ir em frente na busca da educação de que necessitamos e que desejamos.

O que aqui se apresenta como livro é aquela tese, em sua íntegra. "Uma coisa é uma tese acadêmica e outra um livro que se partilha com um público mais amplo" — é o que se tem dito. Entretanto, como os leitores terão possibilidade de constatar, procurei fazer, já na tese, uma interlocução com todos aqueles que têm interesse na tarefa desafiadora que é a de ser professor no mundo contemporâneo.

Enquanto realizava a pesquisa e a redação, contei com a acolhida generosa e sempre crítica dos colegas do *Grupo de Estudos e Pesquisas sobre Tendências Investigativas Contemporâneas na Formação de Professores*, da FEUSP, particularmente de Branca Jurema Ponce e Maria Socorro Lucena Lima, que acompanharam cada momento de aflição e de alegria vivido no processo, ao qual se incorporavam cotidianamente minhas experiências em projetos junto a múltiplas instituições e grupos de educadores, a quem devo também uma enorme gratidão.

Viver por inteiro faz com que no torvelinho do trabalho se vejam envolvidos todos os que fazem parte da vida. No meu torvelinho se viram enroscados, sem poder fugir, Fernando Rios, Filipe Azerêdo Rios, Evelina Azerêdo Rios e uma turma ainda maior de Azerêdos e Rios. Eles sabem o que isso significa para mim.

Antes de dizer — como de praxe — que muitos colaboraram, mas a responsabilidade pelo conjunto é inteiramente minha, é preciso agradecer a José Cortez e sua equipe da Editora, que depositaram sua confiança no trabalho e se empenharam para que ele se tornasse visível para mais gente.

Assim o apresento, na expectativa da ampliação do diálogo.

Terezinha Azerêdo Rios

INTRODUÇÃO

> *O que importa para mim, querida Sofia,*
> *é que você não esteja entre aqueles*
> *que consideram o mundo uma evidência.*
>
> Jostein Gaarder

> *Fazer da escola não apenas o lugar da qualificação,*
> *do treinamento, mas o lugar da formação. E restaurar em*
> *sua ação cotidiana a articulação entre a alegria dionisíaca e*
> *a sisudez do espírito apolíneo. Creio que isto significa*
> *fazer a escola retornar a seu futuro.*
>
> Neidson Rodrigues

Uma das coisas que realizo com maior alegria é ensinar, fazer aulas. Gosto das aulas tanto quanto gosto daquilo que ensino. Fui escolhendo devagar o meu ofício e hoje tenho certeza de que não poderia fazer escolha melhor. Pode soar romântico este testemunho, quando se considera a situação em que vivem os professores no Brasil. Não penso que sou uma exceção, um caso raro. Não deixo de enfrentar limites, de querer de vez em quando "largar tudo", de ver às vezes a esperança se afastar. Entretanto, é no próprio espaço do trabalho que "esperanço" de novo, que retomo com vigor a luta, que encontro possibilidades e alternativas. Auxiliam-me nesse movimento a prática e a reflexão sobre ela, o fazer e o pensar crítico sobre ele, num exercício que mescla razão e paixão.

Paixão por uma ideia irrecusável: *gente foi feita para ser feliz*! E é esse o nosso trabalho (de educadoras e educadores); não só nosso, mas também nosso. Paixão pela inconformidade de as coisas serem como são; paixão pela derrota da desesperança; paixão pela ideia de, procurando tornar as pessoas melhores, melhorar a si mesmo ou mesma; paixão, em suma, pelo **futuro**. (Cortella, 1998:157)

Envolver-se afetivamente com o futuro é fazer um movimento que guarda uma dimensão de *utopia*. Podemos constatar que o caráter utópico da prática educativa se revela mesmo no eixo de cruzamento da Filosofia, reflexão que empreende uma *busca de compreensão* da realidade, e da Didática, chamada de *ciência do ensino*. O que se procura com o gesto de ensinar, senão partilhar um esforço amoroso, que os gregos chamaram *philia,* na direção de um saber inteiro, por eles denominado *sophia*, que se coloca sempre à frente, no horizonte, como um ideal a ser constantemente buscado?

Não foi sem razão, portanto, que escolhi desenvolver este trabalho na área de *Didática e Teorias do Ensino*. Minha escolha passa pelo núcleo de minha vivência de educadora.

Minha preocupação com o ensino não nasce apenas num contexto geral de educação. Ela se abriga no interior do cotidiano de meu ofício, na prática de um *ensino de Filosofia*. Portanto, volta--se para as questões que envolvem uma *Didática de Filosofia*, uma análise crítica da especificidade do ensino de uma área determinada de conhecimento. Por outro lado, debruça-se sobre a contribuição possível de uma *Filosofia da Didática*, no sentido de busca dos fundamentos de uma ciência que tem como objeto o gesto educativo que chamamos de ensinar.

Entretanto, este trabalho não pretende ser qualificado como um trabalho de Didática da Filosofia ou de Filosofia da Didática. A intenção que o move é a de realizar uma articulação entre Filo-sofia e Didática, trazendo ao campo da Didática a reflexão filosó-fica, procurando fazer uma incursão da Filosofia *na* Didática.

Minha trajetória parte da Filosofia em direção à Educação. Quando iniciei o curso de Filosofia não estava em meus planos

COMPREENDER E ENSINAR

tornar-me professora. Acreditava que o curso ampliaria meus conhecimentos e me auxiliaria com recursos para qualquer atividade a que me propusesse posteriormente, uma vez que seu objetivo era capacitar para o exercício de uma reflexão sistemática. Meu interesse pela docência se revelou exatamente por ocasião das aulas de Didática (Rios, 1988:72). O desafio de organizar o conhecimento com o objetivo de partilhá-lo de maneira sistemática me fez descobrir que ali se apontava o meu caminho. Assim, cheguei à Didática como filósofa, e neste momento a retomo também como professora.

O núcleo da reflexão que tenho proposto é *a formação e a prática dos educadores e educadoras* e a necessidade de pensá-las, fazendo recurso a uma perspectiva crítica. Tenho procurado avançar na problematização de alguns aspectos que me parecem fundamentais no esforço de *melhoria da qualidade do trabalho docente*. Acredito, como Oliveira, M. R. S. (1993:53), que

a compreensão e a construção do fenômeno do ensino na escola brasileira (...) implica trata-lo como uma totalidade concreta em movimento, cuja essência tenta-se captar, por meio de aproximações sucessivas, sabendo-a inexaurível ao conhecimento. Implica discuti-lo enquanto uma prática social no dia a dia da escola, em suas múltiplas determinações, procurando desvelar-se o seu relacionamento em correspondência e ao mesmo tempo em contradição com outras práticas na formação social brasileira, predominantemente capitalista. Implica revelar os mecanismos que lhe são próprios, enquanto viabilizador da ideologia própria do sistema. Implica descortinar a especificidade de suas contradições internas, em torno de seus elementos e subprocessos (conteúdo-método, professor-aluno, planejamento-execução, fins e controle). Implica discuti-lo como trabalho pedagógico-escolar — práxis — articulado às bases materiais da sociedade que se pretende transformar. Implica buscar sua transformação para além dos limites e reducionismos de que dificilmente se consegue escapar no seu tratamento. Implica desvinculá-lo das abordagens positivista e sistêmica, pelas quais ele vem sendo tratado de forma eminentemente fragmentada, ou através de modelos formais e descontextualizados, no cerne do denominado tecnicismo pedagógico.

Por essas razões, tenho procurado chamar atenção para a necessidade de se caminhar em direção à construção de um *profissional competente,* reconhecedor de todas aquelas implicações e mobilizador de ações efetivas para sua concretização.

A competência do educador e as dimensões nela abrigadas constituíram-se no tema de minha dissertação de mestrado, realizada no Programa de Filosofia e História da Educação da PUC--SP. Revisto e transformado em livro (Rios, 1993a), o trabalho tem me proporcionado a oportunidade de, na interlocução com seus leitores, rever continuamente as ideias, ampliá-las e aprofundá-las.

O presente trabalho tem o propósito de levar adiante a reflexão ali desenvolvida, procurando explorar de maneira mais aprofundada alguns conceitos e articular a investigação de fundamentos teórico-epistemológicos à vivência de situações concretas em que se encontram elementos reveladores da consistência — ou não — daqueles fundamentos.

Retorno, então, ao tema da *competência,* procurando agora enfocá-la *na articulação com a questão da qualidade,* e buscando fazer, com a contribuição específica da Filosofia, uma retomada do conceito de qualidade, desde sempre horizonte da prática educativa, e frequentemente "apropriado" de maneira equivocada, como acontece, por exemplo, na proposta da *Qualidade Total.*

Essa proposta, originada no mundo da administração e dos negócios no início da década de 80, é acolhida no espaço da educação como uma alternativa para superação dos problemas enfrentados no sistema escolar. No momento em que se lançam, os programas de Qualidade Total, importados do contexto econômico e incorporando valores e pressupostos desse contexto, encontram grande ressonância. Organizam-se e multiplicam-se eventos para divulgar a proposta e instituições educacionais e sistemas de ensino dispõem-se a tê-la como referência para seu trabalho.

O que se constata, hoje, é que os programas que se apresentaram com essa roupagem parecem já ter tido o seu momento mais agudo de visibilidade na moda. Isso não significa, entretanto, que

COMPREENDER E ENSINAR

os princípios da Qualidade Total não estejam ainda fundamentando o trabalho em grande número de escolas brasileiras. Embora os discursos não apresentem de maneira enfática a proposta, verifica-se, na prática, uma intencionalidade que traz a marca dos valores neoliberais nela contidos.

Um olhar crítico vai revelar que a questão da qualidade na educação se encontra *reduzida*, na perspectiva da Qualidade Total e em várias outras abordagens que encontramos hoje nas escolas.

É importante, no entanto, que se reafirme a procedente e sempre atual preocupação com a qualidade do trabalho na educação. Que necessitamos de uma educação de qualidade é inquestionável. O que se deve questionar é qual o significado que se dá à qualidade, conceito que guarda em sua compreensão uma multiplicidade de elementos.

É comum utilizarmos o conceito de qualidade como se ele já guardasse uma conotação positiva — dizemos que algo é de qualidade querendo dizer que é bom. Entretanto, a qualidade é um atributo essencial da realidade. Há *boa* e *má* qualidade nos seres com que nos relacionamos, nas situações que vivenciamos. Trata-se, assim, de *qualificar a qualidade*, de refletir sobre a significação de que ela se reveste no interior da prática educativa.

A articulação dos conceitos de competência e qualidade permite um alargamento da compreensão desses conceitos. A ação competente vai se definir como uma ação de *boa* qualidade. A qualidade que se revela no trabalho competente aponta para novas dimensões aí presentes. Mais ainda: a articulação mencionada exige uma retomada do conceito de competência, visto que há um movimento no sentido de revesti-lo de algumas significações que merecem atenção.

Emprega-se hoje, frequentemente, o termo *competências*, no plural, para indicar habilidades que devem ser desenvolvidas no processo educativo ou na formação profissional (Perrenoud, 1997; Ropé & Tanguy, 1997; Fazenda, 1998; Brasil/MEC, 1999). De algum modo, o termo viria a substituir, visto que lhe é dada uma significação semelhante, os termos *capacidades, habilidades, sa-*

beres. Trata-se de algo que tem apenas um caráter técnico, semântico, ou haverá nesse movimento uma implicação ideológica que convém investigar? Penso que aí se encontra uma questão significativa a ser explorada neste trabalho.

A discussão sobre a competência e a qualidade ganha um sentido especial no espaço de articulação entre Filosofia e Didática. No núcleo da Didática não está apenas o objeto que é o processo ensino-aprendizagem (em que se desenvolvem "competências"), mas a vida e a profissão do professor (que se quer "de qualidade"). Se o ensino é uma prática social viva, é importante *compreender* a atividade docente em seus vínculos com a prática social na sua historicidade (Pimenta, 1994).

A pesquisa em Didática mostra que esta bebe na fonte das ciências da educação e traz a elas sua contribuição. É preciso chamar atenção para a proximidade da Didática com a Filosofia, além do diálogo com as ciências da educação. Para o exercício de compreensão, que representa um esforço em busca de fundamentos, a Didática vai aproximar-se da Filosofia, que é um dos saberes da docência. A Filosofia, aqui Filosofia da Educação, vai refletir sobre o gesto docente, ligando-se às ciências que também têm investigado o fenômeno educativo e a prática dos sujeitos no campo da educação.

A aproximação entre Filosofia e Didática revela que elas são campos articulados na formação e na prática profissional do professor. Existe um caminho de compreensão, em mão dupla, a ser feito pelo professor, que vai da Didática à Filosofia da Educação e desta à Didática, e que é fundamental para a ampliação da qualidade de seu trabalho, para que ele entenda e aprimore sua prática.

Em trabalhos anteriores (Rios, 1995a, 1997, 1998), tive oportunidade de apontar as características da Filosofia, *busca amorosa do saber inteiro*. Não se trata de voltar a fazer o percurso já realizado, mas de retomar a reflexão no contexto contemporâneo, num mundo ao mesmo tempo globalizado e fragmentado, no qual se apresentam para a Filosofia novas exigências, que a colocam num espaço diferenciado no cenário do conhecimento e da ação.

COMPREENDER E ENSINAR

O mesmo se pode dizer sobre a Didática: o propósito, aqui, é procurar verificar o sentido desse conhecimento, chamado de *ciência do ensino*, dessa prática, chamada de *arte de ensinar*, no momento em que ensinar e aprender ganham novas conotações e em que se questiona até mesmo a própria finalidade do gesto docente.

Venho defendendo a ideia de que a competência pode ser definida como *saber fazer bem* o que é necessário e desejável no espaço da profissão. Isso se revela na articulação de suas dimensões *técnica* e *política*, mediadas pela *ética*.

Procuro agora trazer à luz uma perspectiva *estética*, que diz respeito à presença da *sensibilidade* — e mesmo da *beleza* — no trabalho. Não invento uma nova dimensão. Des-cubro — no sentido mesmo de afastar o que está cobrindo — um componente da competência, que se articula organicamente com os demais.

Esse desvelamento da dimensão estética não se dá casualmente. Há razões históricas, necessidades colocadas na prática educacional, que justificam a valorização da presença da sensibilidade no âmbito do trabalho docente. Entre outras, podemos mencionar:

— os resultados de pesquisas que, buscando estudar as causas de problemas da relação pedagógica, como a dificuldade de aprendizagem dos alunos, revelam a importância da emoção, do afeto, como elementos intervenientes na superação daqueles problemas;

— os estudos contemporâneos sobre a modernidade, que apontam a emergência de uma reação à hegemonia de uma racionalidade instrumental e o esforço para ampliar o conceito de inteligência;

— a investigação sobre os saberes da docência: a valorização da experiência do professor (Pimenta, 1997c:43-44), o relevo à presença, na prática docente, do desejo criativo, que se situa "no centro do bom ensino".[1]

---

1. Cf. Hargreaves (1995:41). A tradução dos textos publicados em língua estrangeira é de minha responsabilidade.

A dimensão estética se articula, pois, às demais dimensões do trabalho docente. Levá-la em conta é uma exigência da reflexão que se faz com a intenção de aprimorar aquele trabalho. É nessa medida que se pode afirmar que o trabalho que realizamos como professores terá significação de verdade se for *um trabalho que faz bem*, isto é, um trabalho que fazemos bem, *do ponto de vista técnico-estético,* e um trabalho que faz bem, *do ponto de vista ético-político*, a nós e àqueles a quem o dirigimos.

O núcleo de minha investigação é *a prática docente*. A ideia central aqui proposta se expressa, então, da seguinte maneira: a ação docente competente, portanto de boa qualidade, é uma ação que *faz bem* — que, além de ser eficiente, é *boa e bonita*. O ofício de ensinar deve ser um espaço de entrecruzamento de *bem e beleza*.

Ambos os conceitos guardam em si, entre outras conotações, a ideia de fruição, de prazer, de perspectiva de *saborear* a realidade.

Saber e sabor têm a mesma origem etimológica. Conhecer o mundo é sentir o seu gosto, que se experimenta não apenas pelo paladar, mas pelo conjunto dos sentidos, ainda assim insuficientes, como insinua o lamento de Drummond de Andrade (1964:290):

Do mundo o espetáculo é vário

e pede ser visto e amado.

É tão pouco, cinco sentidos.

O mundo é do tamanho do conhecimento que temos dele. Alargar o conhecimento, para fazer o mundo crescer, e apurar seu sabor, é tarefa de seres humanos. É tarefa, por excelência, de educadores.

Uma pesquisa realizada por Cunha (1992:105-106) identifica na prática do professor três tipos de relações: "relações com o ser e o sentir, relações com o saber e relações com o fazer". A autora afirma que "os limites entre elas nem sempre são explícitos". Tomando como referência as dimensões do trabalho docente aqui apresentadas, podemos dizer, na verdade, que no *ser* do professor (e do aluno que ele procura educar) entrecruzam-se *sentir, saber e fazer*.

É preciso, entretanto, tomar o cuidado de retirar da referência ao ser a conotação idealista de que às vezes ela tem sido revestida. Não se fala aqui do ser como objeto da Metafísica, que estuda as essências do que existe, os princípios e as causas, tomando a realidade como produzida pelas ideias. O *ser* do professor e do aluno tem um caráter *histórico*, ganha seu significado exatamente no contexto da cultura e da sociedade e é construído com base nos valores criados pelos homens em cada época e lugar.

Isso não tem sido considerado, muitas vezes, nas propostas oficiais que se apresentam. O discurso vem ao encontro do que aqui é defendido, mas esse discurso é desvinculado da prática, da realidade concreta da vida e da profissão de educadores e educandos.

Vamos encontrar, por exemplo, em Delors (1998:89-90), a afirmação de que "a educação deve organizar-se em torno de quatro aprendizagens fundamentais que, ao longo de toda vida, serão de algum modo, para cada indivíduo, os pilares do conhecimento: *aprender a conhecer*, (...) *aprender a fazer*, (...) *aprender a viver juntos* e (...) *aprender a ser*, via essencial que integra as três precedentes". Essas considerações são tomadas como referências em vários documentos oficiais no contexto da educação brasileira.

Levando-se em conta apenas o discurso, não se pode discordar do que é afirmado. O que se constata na prática, entretanto, é a ausência de condições concretas efetivas para a realização dos propósitos que se anunciam — convivemos, na realidade, com altos índices de reprovação e evasão, com baixos salários, com insegurança nas escolas, com uma formação inicial e continuada ainda precária, na quase totalidade do Brasil.

Tal situação tende a inviabilizar o exercício de uma prática docente competente, no sentido em que aqui esta é considerada. A docência e a competência ganham configuração diversa em razão dos princípios que as fundamentam. É necessário, então, investigar princípios e fundamentos, socialmente definidos. No espaço do trabalho competente, acham-se instalados os valores que norteiam a prática do profissional na direção da melhoria constante de sua qualidade. Procurar o fundamento desses valores, perguntar criticamente pelo sentido da atuação do profissional é exigência que hoje se coloca a todos nós.

A tarefa fundamental da educação, da escola, ao construir, reconstruir e socializar o conhecimento, é formar cidadãos, portanto contribuir para que as pessoas possam atuar criativamente no contexto social de que fazem parte, exercer seus direitos e, nessa medida, ser, de verdade, pessoas felizes. Este é seu objetivo último. Poderá se fazer objeção a esta afirmativa chamando-se atenção para o fato de que a felicidade deve ser o fim último da vida dos homens em sociedade, não apenas no espaço escolar. Reconheço isso. E constato que, levando-se em conta as contradições tão agudas do mundo contemporâneo, pode parecer romântico, e às vezes até mesmo piegas, mencionar a felicidade como objetivo de nossa vida ou de nosso ofício de educadores. Razão maior, portanto, para procurar definir com clareza qual é a tarefa da escola, do educador, e explicitar a significação da felicidade.

Podemos tornar mais precisa esta ideia de felicidade, se a considerarmos como concretização de uma vida digna, realização — sempre buscada — do ser humano, algo que se dá em processo, e que não se experimenta apenas individualmente, mas ganha seu sentido pleno na coletividade, no exercício conjunto da cidadania.

O conceito de *cidadania* guarda já em sua definição a ideia de *relação social*. Se entendemos a cidadania como possibilidade concreta de participação eficiente e criativa na construção da cultura e da história, devemos estar pensando que essa participação não se faz de maneira solitária — ao contrário, resulta de uma ação conjunta dos homens e mulheres num contexto determinado, num tempo determinado, marcado pelos valores criados por esses mesmos homens e mulheres.

A cidadania não é algo pronto, mas algo que se constrói. E essa construção é tarefa também da escola, delineia-se nos objetivos do trabalho docente. No núcleo desse trabalho está o desafio da comunicação, instrumento de partilha do conhecimento, da cultura.

O ensino é instância de comunicação. A aula é o espaço/tempo privilegiado da comunicação didática (Ponce, 1989). Por isso mesmo, ela não é algo que se dá, embora nós professores afirmemos que "damos aulas". Costumo brincar com os alunos, quando começo meus cursos, dizendo que não vou dar aulas, pois não se trata de uma "doação", uma vez que se é pago — ainda que mal, frequentemente — pelo trabalho. E também que para dar, de verdade, seria necessário que aqueles a quem se dá se dispusessem efetivamente a receber, coisa que nem sempre acontece. A aula não é algo que se dá, mas que se *faz*, no trabalho conjunto de professores e alunos.

O ensino não pode ser "dado", mas antes deve ter a qualidade de algo que, sendo "apresentado" pelo educador, possa também ser "encontrado" a partir da subjetividade do educando (Rosa, 1998:103).

O fazer a aula não se restringe à sala de aula, está além de seus limites, no envolvimento de professores e alunos com a aventura do conhecimento, do relacionamento com a realidade. Com efeito, fazer aula, realizar o exercício da docência é, para o professor, uma experiência que demanda o recurso a múltiplos saberes, entre os quais a Filosofia e a Didática.

Tive oportunidade de vivenciar uma experiência muito especial de ensino, de fazer aulas, que, entre os desafios que me colocou, permitiu que eu ampliasse a reflexão sobre as questões que venho apontando. Ela funcionou, na verdade, como um elemento de referência, permitindo que eu aproximasse da prática as noções que estão exploradas neste trabalho.

Em junho de 1998, passei a fazer parte do grupo de especialistas que se encarregavam da redação do material do Módulo I do PROFORMAÇÃO — Programa de Formação de Professores em Exercício, instituído pelo MEC, destinado a promover a titulação de professores leigos, que atuam nas séries iniciais do Ensino Fundamental e Classes de Alfabetização das regiões Norte, Nordeste e Centro-Oeste do Brasil, por meio de um curso a distância, de nível médio, com habilitação em Magistério.[2]

Coube a mim[3] a redação dos Guias de Estudo da área denominada "Identidade, Sociedade e Cultura", cuja finalidade foi, mais do que apresentar um pequeno conjunto de informações relativas à Filosofia, à Antropologia e à Sociologia, estimular uma reflexão crítica sobre alguns aspectos da realidade social e dos indivíduos que a constituem.

O trabalho com educação a distância traz no seu núcleo uma questão fundamental, que diz respeito à *comunicação docente*. O processo ensino-aprendizagem se dá numa relação comunicativa e sua realização efetiva depende do caráter dessa comunicação.

A comunicação eficiente depende de algo mais do que a mera articulação lógica do discurso do mestre e da reconstrução desse mesmo discurso por parte do educando. (...) O conhecer não é apenas da ordem da construção cognitiva, mas, antes disso, o conhecimento depende de uma experiência de *comunicação vital* com um objeto que, em sala de aula, se dá por intermédio e no *encontro* entre dois *seres*: o aluno e o professor. A existência ou não disso que aqui estou chamando de *encontro* é responsável pelo colorido especial de uma aula; é o que pode fazer dela — tanto para alunos como para professores — uma experiência prazerosa ou, em contraste, uma penosa obrigação. (Rosa, 1998:9-10)

Na educação a distância temos uma *aula além da sala de aula*, ou melhor, aí temos "expandida" a aula como é tradicionalmente entendida. Se a comunicação presencial já apresenta

---

2. O currículo foi estruturado em seis áreas temáticas que congregam respectivamente os conteúdos da base nacional comum do ensino médio e os componentes da formação pedagógica. O material instrucional compõe-se, em cada Módulo, para cada disciplina das áreas temáticas, de 1 Guia de Estudo Geral, 8 Guias de Estudos Específicos e 8 programas de vídeo. Dos Guias de Estudos Específicos, que se constituem de textos e propostas de atividades, fazem parte as unidades redigidas por especialistas de cada uma das áreas.

3. Juntamente com a professora dra. Mirtes Mirian Amorim Maciel, da Universidade Federal do Ceará.

uma série de desafios para o professor, esses desafios se revestem de novas configurações quando se trata de *realizar o encontro a distância*.

Esta foi uma das questões importantes que me preocuparam em todo o percurso de trabalho: será que a educação a distância, a aula a distância, inviabiliza a comunicação vital, afasta a possibilidade de encontro?

Minha tentativa foi a de garantir esse encontro, aquela comunicação, por intermédio do material que fui produzindo. Ao se fazer uso desse material, estou sendo *professora*, não apenas autora do texto que os professores-alunos vão ler.

Vivenciei a aventura de procurar construir um material que efetivamente "conversasse" com os professores-alunos, deixasse espaço para suas interrogações e se dispusesse a respondê-las, criasse condições para que os professores-alunos construíssem junto comigo o conhecimento.

Outra questão dizia respeito à própria seleção de conteúdos e à forma de organizá-los. Tratava-se de procurar levar aquilo que se exige nos referenciais curriculares, trabalhando de uma maneira adequada, em que se considerem as necessidades concretas do professores-alunos, mas também suas características — as limitações de sua formação, as dificuldades para realização das atividades do Programa.

Com relação ao desenvolvimento de temas de Filosofia, Antropologia e Sociologia, cujo estudo não é familiar para os alunos do Ensino Fundamental, tivemos de enfrentar o desafio de levá-los de maneira acessível sem, entretanto, vulgarizar ou empobrecer, riscos que se colocam frequentemente em algumas propostas.

Tive, ainda, a oportunidade de encontrar pessoalmente alguns dos professores, ouvir suas considerações sobre o material, receber sugestões e indicações preciosas para a revisão. Destacou-se aí, de maneira muito expressiva, a necessidade da presença da sensibilidade na percepção da realidade concreta do contexto em que se desenvolve o trabalho e da articulação estreita entre todos os aspectos que o envolvem.[4]

As provocações que se colocaram para mim como professora de filosofia, desafiada a ensinar algo a alguém, a distância, fizeram com que se colocassem em questão os conceitos fundamentais que estou me propondo a explorar neste trabalho — tive que retomar continuamente as ideias de competência, de qualidade, de ética, de estética, de cidadania, de felicidade, de didática e de filosofia.

Aprender ao ensinar. Talvez seja isso o que mais me seduziu naquele exercício — o quanto pude aprender com ele a propósito de ensino e aprendizagem, de educação continuada, de educação a distância, de educação no sentido mais amplo que o conceito guarda.

Essa experiência muito particular na verdade só veio reforçar o que experimento, sempre, nas aulas que venho fazendo há longo tempo: o desafio de ser professora, mais particularmente professora de professores, me traz todo dia a necessidade de olhar criticamente para a formação e a prática do aprendiz que é ensinante, ou que pretende sê-lo. Assim é que posso me ver melhor na prática de ensinante-aprendiz.

Este trabalho tem, como afirmei, o propósito de colaborar para que se avance na perspectiva da construção de uma *prática educativa de boa qualidade*, criadora de possibilidade de uma intervenção crítica e feliz dos homens e mulheres na sociedade. Para

---

4. Um exemplo da proposta de uma das áreas do Programa ilustra bem o que afirmo. Havia, num dos textos, a proposta de que o professor-aluno levasse os alunos a uma padaria, para que se observasse, entre outras coisas, o fenômeno da fermentação dos alimentos. No encontro com os professores-alunos, um deles disse que não poderia realizar a tarefa. "Não há padaria na minha região", disse ele. Surpreenderam-se os especialistas — grande desafio criar, nas capitais, uma proposta para ser desenvolvida nas pequenas cidades ou aldeias em pontos distantes do centro do país.

Se havia observações desse teor, eram inúmeras, por outro lado, as manifestações de satisfação com relação à escolha dos temas e à forma de abordá-los, destacando a linguagem em que os textos foram redigidos, o tom afetivo — nunca simplista ou "infantil" — com que os especialistas se dirigiam ao alunos, na tentativa de, efetivamente, dialogar.

isto, então, parto de minha vivência de professora, tomo como referência uma experiência de formação continuada e retomo a investigação do conceito de competência, buscando verificar as categorias que nele se cruzam e as dimensões que nele se revelam. As questões que me disponho a investigar são:

- quais os desafios que se colocam contemporaneamente a uma reflexão crítica sobre a educação e o ensino?

- com quais significados o conceito de *qualidade* tem sido incorporado no discurso, nas políticas e nas práticas de educação? Como podemos re-significá-lo?

- quais são os indicadores de qualidade que têm norteado o trabalho dos educadores?

- que significados estão abrigados no conceito de *competência*?

- como podem se articular os conceitos de qualidade, felicidade, cidadania? Como essa articulação acontece nas relações educativas no interior da prática docente?

- como se caracteriza a perspectiva estética que se encontra na competência profissional dos educadores?

- como se evidencia no processo de construção do trabalho docente — e de seu núcleo, a aula — o esforço na direção da competência?

Estas questões desdobram-se em muitas outras, no processo de aproximação do objeto. Elas aparecem aqui como indicativas do núcleo de minha preocupação.

Julgo que estarei indo ao encontro do objetivo pretendido se garantir a articulação constante da teoria com a prática, se minha reflexão estiver fundada na ação e se puder iluminá-la de maneira a fazê-la mais significativa. Assim, meu trabalho se apoiará em dois pilares:

- na minha prática de professora, no percurso que venho fazendo de ensinar e aprender e de refletir sobre o agir e sobre o próprio refletir;

- na pesquisa teórica de alguns conceitos que se articulam no trabalho docente — na investigação de seu percurso histórico, do recurso que a eles se faz no interior da ação e da reflexão sobre a educação.

"Os conceitos são as senhas com que se de-senha a realidade", afirma Nicol (1997:352). Na convergência entre a compreensão das senhas, que se busca com o esforço da Filosofia, e a exploração dos de-senhos múltiplos, que se apontam a partir da prática vivenciada, encontra-se o desafio que me disponho a enfrentar.

Parto, então, do meu ofício de docente, e a ele retorno, estabelecendo a seguinte trajetória deste trabalho:

Capítulo 1. *Compreender e ensinar no mundo contemporâneo*
— Desafios colocados contemporaneamente a um esforço de *compreensão*, como busca de sentido, e a uma preocupação com o *ensino*, como socialização, criação e re-criação de conhecimentos e valores.

Capítulo 2. *Competência e qualidade na docência*
— Qualidade ou qualidades? Competência ou competências? O recurso à Lógica para exploração dos conceitos. A competência como sinônimo de agir de *boa qualidade:* o trabalho competente *faz bem.*

Capítulo 3. *Dimensões da competência*
— A articulação do domínio de conhecimentos, a sensibilidade e a criatividade na socialização que se faz deles, a consciência do alcance das ações e o compromisso com a construção da cidadania.

Capítulo 4. *Felicidadania*
— A democracia como espaço para concretização de uma vida digna: a re-significação da cidadania como realização individual e coletiva e a dimensão utópica do trabalho docente.

Capítulo 5. *Certezas provisórias*

— Do viver *da* educação ao viver *para* a educação, no diálogo Filosofia/Didática. Desafios do trabalho docente, que necessita buscar sempre ampliar sua qualidade.

Concordo com Neidson Rodrigues (1999:30), quando ele afirma que é preciso "fazer a escola retornar a seu futuro". Para tal, se faz necessário, entre outras condições, uma prática docente *da melhor qualidade*. Com a reflexão aqui desenvolvida, reafirmo minha aposta nessa possibilidade.

CAPÍTULO 1

COMPREENDER E ENSINAR NO MUNDO CONTEMPORÂNEO

Antes mundo era pequeno
Porque Terra era grande
Hoje mundo é muito grande
Porque Terra é pequena
Do tamanho da antena parabolicamará

Gilberto Gil

Compreender supõe, antes de tudo, perguntar-se algo e abrir com isso um espaço de novas significações e sentidos.

Josep Maria Puig

Novas exigências educacionais pedem às universidades e cursos de formação para o magistério um professor capaz de ajustar sua didática às novas realidades da sociedade, do conhecimento, do aluno, dos diversos universos culturais, dos meios de comunicação.

José Carlos Libâneo

    O objetivo deste capítulo é apontar a articulação entre Filosofia e Didática, como saberes que contribuem para a construção

— contínua — da competência do professor e verificar os desafios colocados contemporaneamente à reflexão filosófica, como esforço de *compreensão*, de busca de sentido da presença e atuação dos seres humanos no mundo, e à Didática, como preocupação com o *ensino*, com a socialização — criação e recriação — formal e sistemática do conhecimento que resulta daquela presença e atuação.

Filosofia e Didática são saberes humanos, historicamente situados. Assim, é preciso verificar as características do contexto nos quais eles se exercem, para que se descubram as determinações a que estão sujeitos, as alternativas para o seu acontecer, as possibilidades que se colocam em seu horizonte.

A pergunta que se coloca, então, é: Como se situarão a Filosofia e a Didática no mundo de hoje?

Uma das características deste mundo é o que Hobsbawm (1997:7) chamou de "presentismo", uma consideração apenas do momento presente, desligamento das raízes do passado e ausência de perspectiva em relação à continuidade da vida e da história. Estamos diante do apelo ao pragmatismo, da valorização do imediato. Nesse quadro, parece, para alguns, que ensinar e refletir são coisas desacreditadas ou, pelo menos, de importância menor.

Afirma-se que neste mundo que aí está, com as características de que se reveste, com o crescimento cada vez mais ampliado da influência da mídia, não se tem mais que valorizar o ensino que se realiza formalmente. A responsabilidade pelo ensino está dispersa — todos ensinam a todos.

Não há, também, tempo e lugar para a reflexão. Oferecem-se, por todo lado, em embalagens sedutoras, algumas ideologias *prêt-à-porter*. Fazer o exercício árduo de filosofar, para quê? Japiassu (1997:7) afirma que

> o mundo contemporâneo, marcadamente dominado pelo pensamento tecnocientífico, pensamento este que leva os homens a exteriorizarem comportamentos desencantados face à política e adotarem atitudes céticas face aos valores, parece não reservar um papel relevante ao pensamento propriamente reflexivo.

E com relação à didática, Rojo (1997:51) indaga:

O que demanda o espírito de nosso tempo à didática? (...) O que demanda à didática, do ponto de vista crítico, essa nova época que "suspende" o juízo diante do desespero do gênero humano e diante da desilusão de mil propostas, realizadas em nome do *logos* tantas vezes exaltado e outras tantas decepcionante?

A indagação nos remete, sem dúvida, a uma certa perplexidade. Mas o que chegamos a verificar é que se, por um lado, afirma-se que nosso mundo não convida ao filosofar e a uma preocupação com o ensino, por outro, pode-se constatar que as demandas que se colocam à Filosofia ainda são muito grandes e vamos encontrar no campo da educação a perspectiva de uma ressignificação da ciência do ensinar, uma crença na ampliação das possibilidades da Didática.

No dizer de Pimenta (1997c:71),

as recentes modificações nos sistemas escolares, e especialmente na área de formação de professores, configuram "uma explosão didática". Sua re-significação aponta para um balanço do ensino como prática social, das pesquisas e das transformações que têm provocado na prática social de ensinar.

Um movimento semelhante se percebe na direção de um recurso à Filosofia como um instrumento sempre novo — e renovado — de pensar as contradições do mundo. Sautet (1995:10-11) afirma que

fala-se muito, nos últimos tempos, de ética e de moral, deplora-se a corrupção dos políticos e homens de negócio, assusta-se com a extensão da exclusão, do tráfico de drogas, da selvageria das guerras interétnicas, do fanatismo religioso, invoca-se a solidariedade, o dever de ingerência, inquieta-se com os trabalhos de laboratório no domínio das armas químicas e da genética... Sobretudo tenta-se não perder a cabeça, manter o sangue-frio. E, para conseguir isto, o que se faz? Recorre-se à astrofísica, à microbiologia? À antropologia, à sociologia, à psicopatologia? À economia política? Ou não será melhor recorrer à filosofia? Quando se busca verificar o que não vai bem na Cidade, o que arruína a democracia, o que compromete a justiça, a liberdade, a igualdade, em resumo, as relações entre os cidadãos, o que leva os homens a se odiar e se matar uns aos outros, quando se alarga o exame ao conjunto das nações até encarar o destino da humanidade inteira, o que se faz? Em verdade, já se teve antes tantas razões para filosofar?

Se a Filosofia e a Didática têm seu espaço ampliado, o que se indaga é: de qual feição se revestem no mundo contemporâneo, levando em consideração as características do cenário?

Procurarei, então, apontar as características dos saberes e, ainda que brevemente, algumas características do cenário, e colocar em discussão as tarefas que se apresentam *neste nosso mundo de hoje* como desafios à Filosofia e à Didática e o entrecruzamento desejável e possível dessas tarefas.

Nosso mundo, nosso tempo — precariedades e urgências

> *Nosso mundo é um mundo uno.*
> *Mas é um mundo dilacerado.*
>
> Roger Garaudy

Foge ao propósito deste trabalho uma análise exaustiva das características do mundo contemporâneo. O que interessa, aqui, é trazer à discussão determinados aspectos que têm a ver com a preocupação central de refletir sobre os possíveis caminhos, hoje, da Filosofia e da Didática.

Afirma-se que vivemos um momento de passagem. Mas não estaremos sempre de passagem? Neste momento, estamos próximos da passagem para um novo século, um novo milênio. Ainda que alguns considerem não haver nisso nada de especial, é importante considerar qual é a feição que os seres humanos estão dando a esse mundo, quais parecem ser seus aspectos mais marcantes neste momento.

COMPREENDER E ENSINAR

O que se afirma é que, mais uma vez, enfrenta-se uma *crise* — de significados da vida humana, das relações entre as pessoas, instituições, comunidades.

> Vivemos num mundo conquistado, desenraizado e transformado pelo titânico processo econômico e tecnocientífico do desenvolvimento do capitalismo, que dominou os dois ou três últimos séculos. Sabemos, ou pelo menos é razoável supor, que ele não pode prosseguir *ad infinitum*. O futuro não pode ser uma continuação do passado, e há sinais, tanto externamente quanto internamente, de que chegamos a um ponto de crise histórica. (Hobsbawm, 1997:562)

Se efetivamente vivemos uma crise, é preciso lembrar que devemos considerar que a ideia de crise aponta para duas perspectivas — a de *perigo* e a de *oportunidade*. Se considerarmos apenas o perigo, corremos o risco de nos deixarmos envolver por uma atitude negativa, ignorando as alternativas de superação. É importante considerar a perspectiva de oportunidade, que nos remete à *crítica*, como um momento fértil de reflexão e de reorientação da prática (Rios, 1993a:77).

Nosso mundo é definido como um mundo pós-moderno. A referência à pós-modernidade nos remete à menção de uma modernidade antecedente. O que caracteriza esses momentos históricos?

A modernidade caracterizou-se como um período em que se valorizou antes de mais nada a razão como elemento explicador e transformador do mundo. Ser moderno implicava em lançar-se à aventura da razão instrumental, tecnológica.

> O moderno se configura como a idade da razão forte, que constrói explicações totalizadoras do mundo e que entende o desenvolvimento histórico do pensamento como progressiva iluminação, acesso ao fundamento e autolegitimação do saber científico. (Bordin, 1994:158)

Do ponto de vista político-econômico, instalou-se o modelo liberal, a defesa do livre mercado, o incentivo à especialização, a discussão sobre os ideais de liberdade e igualdade. Os ideais da modernidade apontavam para a afirmação de uma sociedade em que se romperia com as "hierarquias de sangue e a soberania sacralizada, com as tradições e os particularismos, em nome do universal, da razão, da revolução" (Lipovetsky, s.d.:11).

Entretanto, o que se verifica é que aqueles ideais não foram efetivamente concretizados. Nas últimas décadas, sobretudo, parece haver o reconhecimento de uma "decomposição" da modernidade. Michel Leiris (Nouvelle Revue Française, 1981), irreverentemente, chega a afirmar: "A modernidade se converteu em 'merdonidade'". Na modernidade, confirmou-se "uma lógica, uma retórica e uma ideologia. Uma *lógica* que no campo sociológico se chama capitalismo; no filosófico, positivismo; no religioso, secularização ou profanação do sagrado; no antropológico, homem dimensional como sujeito autônomo e semi-absoluto; no político, Estado da democracia formal para defender a liberdade; no epistemológico, razão instrumental e no científico, primazia da tecnologia que, como manifestação da utilidade das ciências positivas, se colocará acima dos valores morais" (Rojo, 1997:53-4).

Parece esgotar-se, portanto, o modelo de pensamento baseado na razão iluminista, na crença de que o homem podia, apenas com o saber científico, dominar o mundo, tornar-se o seu senhor. Configura-se um novo momento, de transição, que vai ser denominado pós-modernidade.[1]

---

1. Há posições diferentes em relação à denominação que se dá de pós-moderno ao nosso mundo. Muitos julgam que, na verdade, essa denominação apenas aponta um conflito que se dá no interior da própria modernidade, cujas características ainda permanecem. Coutinho (2000:49), por exemplo, diz que "a modernidade é a época histórica que se inicia com o Renascimento e na qual, apesar das apressadas afirmações em contrário dos chamados 'pós-modernos', ainda estamos hoje inseridos". Outros autores, mesmo fazendo referência à pós-modernidade, não a entendem como uma nova tendência que tomaria o lugar do tradicional e do moderno. Canclini (1990:233-234) afirma que concebe a pós-modernidade "não como uma descontinuidade ou uma ruptura em relação à modernidade, mas como uma reorganização de suas relações internas e suas conexões com a tradição".

O pós-moderno se apresenta como a dissolução do moderno: idade do enfraquecimento da razão e de suas pretensões e da emergência de uma pluralidade de modelos e paradigmas de uma racionalidade não homogênea; de um pensamento sem fundamentos, da desconstrução e da crítica da razão instrumental. (Bordin, 1994:158-160)

Embora sejam grandes as diferenças entre os autores que se intitulam pós-modernos, pode-se verificar que há uma concordância em suas teses no que diz respeito a "uma recusa das metateorias, das grandes visões de mundo, dos conceitos universais":

A era pós-moderna abre a forma fechada, o projeto transforma-se em acaso, o propósito em jogo, a hierarquia em anarquia, o objeto em processo, a totalização e síntese em desconstrução, a semântica em retórica, a seleção em combinação e mistura de estilos, o significado em significante, a paranoia em esquizofrenia, a igualdade em diferença, a transcendência em imanência, o permanente em transitório, a totalidade em fragmentação, a homogeneidade em heterogeneidade. (Vieira, 1997:38)

É essa a feição que toma o mundo no século XX, especialmente em seu final. No dizer de Dreifuss (1996:325), em todos os espaços sociais — a família, as empresas, as instituições educacionais — vivem-se, neste final de milênio,

as perplexidades de três processos estonteantes: globalização econômica e de modos de produzir, mundialização social e de modos de viver e planetarização política e institucional, dos modos de dominar. Concomitantes ao esboço de tendências para uma *global economy*, uma *world society* e uma *planetary polity*, vivemos as suas contraposições, antinomias e contradições: na afirmação e preservação de particularismos, localismos e singularidades.

A globalização talvez seja o fenômeno mais apontado quando se menciona o mundo contemporâneo. Fala-se em globalização para designar o fenômeno da expansão de inter-relações, principalmente de natureza econômica, em escala mundial, entre países e sociedades de todo o mundo. Ela se expressa, no dizer de Vieira (1997:73-74),

> não somente em termos de maiores laços e interações internacionais, como também na difusão de padrões internacionais de organização econômica e social, consumo, vida ou pensamento, que resultam do jogo das pressões competitivas do mercado, das experiências políticas ou administrativas, da amplitude das comunicações ou da similitude de situações e problemas impostos pelas novas condições internacionais de produção e intercâmbio. As principais transformações acarretadas pela globalização situam-se no âmbito da organização econômica, das relações sociais, dos padrões de vida e cultura, das transformações do Estado e da política.

Têm-se apontado principalmente os aspectos negativos da globalização. O progresso tecnológico existe, paradoxalmente, ao lado do crescimento da pobreza, em todas as regiões do mundo. O aperfeiçoamento das técnicas de comunicação e a circulação de objetos e ideias culturais convivem com a exclusão social. Afirma--se que estamos num mundo desencantado, no qual se desprezam alguns valores fundamentais na construção do mundo e do humano.

Apesar desse quadro, alguns estudiosos veem efeitos positivos, como a superação do isolamento nacional, a internacionalização de movimentos sociais, a consideração do pluralismo cultural e mesmo a busca de um mundo solidário porque mais interligado. Acena-se aí a perspectiva de uma cidadania planetária (Vieira, 1997), experimentada a partir da afirmação da solidariedade e do respeito.

Levando em consideração todas as referências e confrontos, qual será a atitude a se tomar, no campo de nosso trabalho, na perspectiva da educação e da filosofia? É bastante sensata a posição de Severino (1998:32), que afirma:

> Que se configure um contexto novo, não há como negar nem recusar. E que obviamente exige reequacionamentos por parte dos educadores, não está em questão. Mas o que cabe aqui é uma atenção cerrada à especificidade do momento histórico, não se deixando

levar nem por uma atitude de mera anatemização moralizante ou saudosista, nem por um deslumbramento alienante. O que me parece exigido pelo momento é uma postura de análise detida e de vigilância crítica.

A exigência assim expressa vai ao encontro do que tem sido, historicamente, próprio da atitude filosófica e alerta para o que deve ser a atitude do educador nos dias em que vivemos.

A preocupação fundamental aqui apresentada foi a de verificar que demandas coloca à Filosofia e à Didática um cenário com as características do mundo contemporâneo. Podemos apontar já algumas dessas demandas, que se configuram como desafios:

- um mundo *fragmentado* exige, para a superação da fragmentação, uma visão de totalidade, um *olhar abrangente* e, no que diz respeito ao ensino, a *articulação estreita dos saberes e capacidades*;

- um mundo *globalizado* requer, para evitar a massificação e a homogeneidade redutora, o esforço de *distinguir para unir*, a percepção clara de diferenças e desigualdades e, no que diz respeito ao ensino, o reconhecimento de que é necessário um *trabalho interdisciplinar*, que só ganha sentido se parte de uma efetiva disciplinaridade;

- num mundo em que se defrontam a afirmação de uma razão instrumental e a de um irracionalismo, é preciso encontrar o equilíbrio, fazendo a recuperação do significado da razão articulada ao sentimento e, no que diz respeito ao ensino, a reapropriação do afeto no espaço pedagógico.

Neste mundo complexo, também se tornam mais complexas as tarefas dos educadores. Como voltar-se criticamente para a realidade, como definir os caminhos do conhecimento, da aprendizagem, em última instância, da construção do humano, de sua afirmação?

Procuraremos a seguir apontar o significado de levar adiante uma caminhada no sentido de ampliar nosso saber e partilhá-lo, neste mundo que é o nosso, aqui e agora.

Compreender o mundo

> *A filosofia nos permite refletir, não tanto sobre o verdadeiro e o falso, mas sobre nossa relação com a verdade. Ela é um movimento pelo qual, com esforços e tateamentos, com sonhos e ilusões, desprendemo-nos do já adquirido como verdadeiro e engajamo-nos na transformação de nossos quadros de pensamento, de nossas estruturas mentais, na modificação dos valores recebidos, no trabalho para pensarmos de outra forma e para sabermos como devemos nos conduzir e nos tornar o que ainda não somos.*
>
> Jorge Larrosa

A Filosofia se caracteriza como uma *busca amorosa de um saber inteiro*. Ver com clareza, abrangência e profundidade a realidade, assumindo diante dela uma atitude *crítica*, é a tarefa constante do filósofo, que, além do mais, orienta-se num esforço de *compreensão*, isto é, de desvelamento da significação, do sentido, do valor dos objetos sobre os quais se volta. A compreensão é

> uma atividade interminável, por meio da qual, em constante mudança e variação, aprendemos a lidar com nossa realidade, conciliamo-nos com ela, isto é, tentamos nos sentir em casa no mundo. (Arendt, 1993:39)

O conceito de compreensão guarda em seu interior uma referência a uma dimensão intelectual e a uma dimensão afetiva. Há uma capacidade de conhecimento, uma argúcia da inteligência, que lê dentro (*intus legere*) ou nas "entrelinhas" da realidade. A esse aspecto cognoscitivo se conjuga uma perspectiva de afeto, já anunciada na própria denominação da filosofia, na qual se guarda uma referência à *philia*, amizade, impulsionadora do desejo de ir ao encontro da *sophia*, saber amplo e profundo.

Já aqui se aponta uma necessidade de superação da dicotomia que se faz entre razão e sentimento, na análise das questões mais candentes de nosso contexto e de nosso tempo. Trata-se, sim, de negar tanto a razão positivista, exaltada pela modernidade, quanto o irracionalismo que parece ser característica do movimento denominado pós-moderno. É preciso resgatar o sentido da razão que, como característica diferenciadora da humanidade, só ganha sua significação na articulação com todos os demais "instrumentos" com os quais o ser humano se relaciona com o mundo e com os outros — os sentidos, os sentimentos, a memória, a imaginação.

> A cabeça da gente é uma só e as coisas que há e que estão para haver são demais de muitas, muito maiores diferentes, e a gente tem de necessitar de aumentar a cabeça, para o total. (Guimarães Rosa, 1965:236)

Como busca *amorosa* do saber, o gesto filosófico abriga uma ideia de prender-com, de apropriar-se junto, reveladora de um "coração compreensivo, e não a mera reflexão ou o mero sentimento", como aponta Arendt (1993:52). Guarda, ainda, como *busca*, um sentido de movimento, de caminhar constante, de perguntar sempre.

> O gesto inaugural da filosofia é aquele em que o pensamento não se reconhece no regaço de um saber que já se tem, mas no jogo de um aprender que não termina; não na segurança das respostas, mas na inquietude das perguntas; não no repouso finalmente conseguido do resultado, mas no movimento incessante da aspiração e da busca; não na arrogância triunfante da posse, mas na medicância ansiosa do desejo. (Larrosa, 1997:36)

Agnes Heller (1983:22) afirma que as perguntas filosóficas são perguntas pueris, isto é, indagações que são feitas pelas crianças, que não se contentam com uma resposta definitiva, que apresentam sempre novas questões. E não se preocupam em mostrar sua ignorância; pelo contrário, expõem-na, ao manifestar sua curiosidade.

> A vocação do filósofo não é de se calar. Não é se dobrando sobre si mesmo que ele desempenha seu papel. É na rua, na cidade, misturando-se à vida de cada um, perambulando pela praça do mercado, no meio da multidão dos vendedores e dos que se divertem.

Interrogando uns e outros. Questionando. Não porque ele sabe, porque ele dispõe de um saber superior, mas, ao contrário, porque ele inveja os que sabem ou pretendem saber. Ele quer saber, mas não quer ser enganado. E, se há uma coisa a ensinar, é isto. É preciso aplicação, método, atenção, concentração, calma, mas também o inverso: o confronto com o real, a proximidade com a loucura, o afrontamento com aqueles que pretendem abusar dos outros. A meditação e a luta. O silêncio e o vozerio. A solidão e a ágora. (Sautet, 1995:14)

Exercer o seu ofício na ágora, na praça, na interlocução com os outros, é uma provocação que se coloca, principalmente em nossos dias, para o filósofo. Ela guarda a exigência da compreensão filosófica, apontando para a necessidade de se *ir inteiro* em busca do saber, de o indivíduo estar inteiro no conhecimento, na convivência, na relação que estabelece com a realidade e com os outros. Faz-se necessária, também, uma atitude de admiração diante do conhecido, de surpresa diante do habitual, a fim de conhecer mais e melhor.

Aristóteles afirmava que a admiração é o primeiro estímulo que o ser humano tem para filosofar. É admirando-nos diante do que presenciamos e experimentamos na realidade que vamos em frente na investigação do que nos fascina e intriga. À admiração juntam-se a dúvida e a vivência das situações que denominamos situações-limites, situações problemáticas que necessitamos superar e cuja possibilidade de superação não se encontra imediatamente.

Devemos, então, indagar: o que provoca nosso espanto, hoje? De que duvidamos? Quais são as situações-limites que nos desafiam? Quais são nossas perguntas atuais?

É necessário que façamos uma reflexão no sentido de buscar as respostas.

Uma reflexão implica sempre uma análise crítica do trabalho que realizamos. Se estamos fazendo uma reflexão sobre nosso trabalho, estamos questionando sua validade, o significado que ele tem para nós e para os sujeitos com que trabalhamos, e para a comunidade da qual fazemos parte e que estamos construindo. A resposta às questões que nos propomos só pode ser encontrada em dois espaços: no da nossa *prática*, na experiência cotidiana da tarefa que procuramos realizar, e no da *reflexão crítica* sobre os *problemas* que essa prática faz surgir como desafios para nós.

A reflexão não se dá aleatoriamente. Ela é provocada por *questões-limites*, por problemas. Deparamo-nos com inúmeros obstáculos em nossa vivência das situações em que nos encontramos. Só alguns deles, entretanto, merecem a denominação de *problemas* — são aqueles que têm uma significação especial em nossa perspectiva existencial e precisam ser tirados de nosso caminho. Esse "tirar do caminho" um obstáculo tem sido chamado de a *solução* do problema. Entretanto, se analisarmos bem, verificaremos que os problemas não sofrem uma solução, não são "solvidos", não são solúveis. Eles são *superáveis*, devem ser superados.

Quando superamos um problema, não diluímos — o que fazemos é seguir a dinâmica de um processo, no qual há como que uma absorção, um rearranjo de elementos, e em que se vai à frente de forma nova. Não "deixamos para trás" os elementos problemáticos; levamo-los conosco de outra maneira, incorporados à existência, que é contínua (Rios, 1983).

A pergunta filosófica por excelência é: de onde viemos? para onde vamos? Sautet (1995) nos diz que talvez devamos começar nos perguntando: *onde estamos?* Ao caminhar em busca da resposta, tenta-se descobrir quais as tarefas que se impõem, aqui e agora, à reflexão crítica da Filosofia, no nosso caso, da Filosofia da Educação.

A referência às relações entre os indivíduos e à sua conduta parece indicar que a demanda pela Filosofia no mundo contemporâneo abriga uma preocupação *ética*. Na verdade, essa preocupação aparece com frequência na história da Filosofia. Mas ela ganha uma feição nova diante das demandas do mundo em que vivemos neste momento.

Em um número especial dedicado à Filosofia, a revista francesa *Magazine Littéraire* (número 339, janeiro 1996) chamava a

Filosofia de *uma nova paixão*. Isso se justificava, segundo a revista, pela extraordinária demanda pela reflexão sobre os valores, no mundo contemporâneo. Atribuía-se essa demanda ao desaparecimento dos grandes sistemas e dos grandes pensadores. Cada indivíduo, em sua vida, deve escolher, decidir, orientar-se. A Filosofia valeria como ajuda na decisão.

A essa demanda responde uma oferta extraordinariamente diversificada em seus objetos e práticas. Com um estilo mais livre, desligado da referência às escolas e sem polêmica, novas figuras emergem, renovando os temas e as problemáticas de uma disciplina sempre viva e plural. A demanda é tão grande que os lugares de exercício da Filosofia se multiplicam: das universidades aos cafés, passando pelas rádios e telas de TV.

Percebe-se o sucesso das obras de Comte-Sponville (1996), Gaarder (1995), Savater (1993). Com seu trabalho, afirma-se, a Filosofia ganha popularidade. E o viés com que é explorada é o da *ética*. O que parece acontecer é que a Metafísica, a Lógica, a Epistemologia ficam guardadas na academia, enquanto a Ética sai a conversar com o povo.

A indagação sobre os valores, sobre a orientação da conduta humana vai ao encontro de uma preocupação própria dos seres humanos e que se torna mais aguda no meio das contradições que vivemos — o individualismo, a discriminação, a violência, e um discurso que apela de maneira cínica à solidariedade. Segundo Vaz (1999:8), a onda ética que se espraia hoje sobre o mundo, cobrindo todos os campos da atividade humana,

> parece significar como que o sobressalto de nossa natureza espiritual em face de ameaças que parecem pôr em risco a própria sobrevivência das razões de viver e dos valores de vida lentamente e penosamente descobertos e afirmados ao longo destes três milênios de nossa história. Um relativismo universal e um hedonismo que não conhecem limites: eis os padrões de avaliação e comportamento hoje dominantes e cujos efeitos devastadores na vida de indivíduos e sociedades nos surpreendem e nos inquietam. A urgência da reflexão ética surge aqui em contrapartida.

Sair a conversar com o povo não significa, em absoluto, como acusam alguns, uma vulgarização ou empobrecimento do conhecimento filosófico. Ao contrário, ele se enriquece indo "aonde o povo está", como o poeta, e voltando sua atenção para as questões candentes que provocam os homens e as mulheres de nossa época.

> As transformações de nosso mundo não cessam de tornar mais aguda a necessidade de uma reflexão ética, precisa, informada, que se refere à história, que argumenta, analisa e revém aos grandes problemas. Quem não tem curiosidade ou prazer de refletir sobre essas questões? (Canto-Sperber, 1998:17)

Os cafés filosóficos mostram que a Filosofia passa a ser assunto do cotidiano, ou melhor, que os assuntos cotidianos têm lugar na reflexão filosófica, séria, rigorosa. Não é sem razão que um dos trabalhos de Sautet se intitula *Um café pour Socrate*. Vale a pena pensar no prazer de tomar um café com o filósofo, experimentar o sabor da busca constante do saber.

Sócrates é, sem dúvida, um exemplo emblemático do filósofo — o indivíduo que se interroga constantemente, que coloca em dúvida as verdades estabelecidas, que não se contenta com as respostas, classifica-as sempre como provisórias. É por isso que se afirma que lhe cabe realizar a revolução que antecede a de Copérnico — passar da indagação sobre as coisas, sobre a natureza, a *physis*, para a reflexão sobre os homens.

> Sócrates sabe que o novo saber, o novo conhecimento que ele preconiza será concernente ao homem e não às estrelas, e que ele começará pelo próprio homem e não pelos objetos do mundo. O homem aqui considerado será certamente concreto, se tratará de camponeses e artesãos, artistas e pensadores, militares, magistrados, mulheres e sacerdotisas também. Mas esta vasta investigação sobre a humanidade concreta quer desde o início constituir-se como um saber conceitual, e se opõe às fantasias dos poetas e aos dogmas dos criadores de mitos. Em seus primeiros passos, a busca da sabedoria, isto é, a filosofia, parece não ser senão uma nova modalidade de conhecimento, modalidade na qual o conhe-

cimento intelectual tradicional definiria simplesmente um novo objeto a explorar: o homem e não mais somente as coisas ou o céu. (Misrahi, 1997:10-11)

E o que se busca é explorar este objeto, o ser humano, em sua inteireza: seus desejos, suas paixões, suas relações, o mundo que constrói. Pensar a vida e o que ela representa, qual é seu significado — esta é a tarefa da Filosofia, nos ensina Sócrates.

Na verdade, essa tarefa já mostra a feição ética e política de que se reveste a Filosofia. É uma tarefa que não se realiza isoladamente, mas que prevê e tem necessidade da participação do outro. Aponta-se já aí o núcleo da reflexão ética — o reconhecimento do outro, o respeito pelo outro.

É esta a tarefa que vejo para a Filosofia quando se volta hoje para a educação. Tarefa difícil, sem dúvida.

Espinosa afirmou que a Filosofia é um caminho árduo e difícil, mas que pode ser percorrido por todos, se desejarem a liberdade e a felicidade.

Qual seria, então, a utilidade da Filosofia?

Se abandonar a ingenuidade e os preconceitos do senso comum for útil; se não se deixar pela submissão às ideias dominantes e aos poderes estabelecidos for útil; se buscar compreender a significação do mundo, da cultura, da história for útil; se conhecer o sentido das criações humanas nas artes, nas ciências e na política for útil; se dar a cada um de nós e à nossa sociedade meios para serem conscientes de si e de suas ações numa prática que deseja a liberdade e a felicidade para todos for útil, então podemos dizer que a Filosofia é o mais útil de todos os saberes de que os seres humanos são capazes. (Chaui, 1994:18)

O esforço filosófico, como exercício de crítica, implica uma atitude humilde e corajosa. A atitude crítica é *humilde*, no sentido de reconhecer os limites que existem nas situações vivenciadas. Só quem reconhece que não sabe, que há ainda muito por ser conhecido, empreende uma busca no sentido de ampliar seu saber. E é *corajosa*, porque é sempre um gesto de provocação e, por isso,

COMPREENDER E ENSINAR

sempre tende a enfrentar perigos, ameaças. O olhar crítico desvenda, aponta coisas que podem incomodar, desinstalar, exigir mudanças para as quais muitas vezes não se está preparado.

Volto a afirmar que a Filosofia é sempre filosofia *de*, volta (*re-flexão*) sobre os problemas que nos desafiam. Como Filosofia *da Educação* ela buscará, ao lado de outras perspectivas de conhecimento, compreender o fenômeno educacional em todas as suas dimensões, procurará olhar criticamente a tarefa do educador, da escola como instância educativa e dos indivíduos que têm um ofício muito especial: o de *professor*.

Assim as perguntas, aqui, se voltarão para aquele ofício, no sentido de compreender seu significado na atualidade e as perspectivas que se delineiam em seu horizonte.

Ensinar o mundo

> *A docência é um processo complexo que supõe uma compreensão da realidade concreta da sociedade, da educação, da escola, do aluno, do ensino-aprendizagem, do saber, bem como um competente repensar e recriar do fazer na área da educação, em suas complexas relações com a sociedade.*
>
> Ildeu Coelho

Da mesma maneira que se fez com a Filosofia, podemos principiar nossas considerações sobre a Didática recorrendo à etimologia. Fazendo isto, encontramos o grego *didaktika*, derivado do verbo *didasko*, e que significa "relativo ao ensino". É aí que Comênio (1985:45) vai buscar sua definição, chamando a Didática de "arte de ensinar". O termo "ensino" parece ser, então, o elemento-chave que identifica o conteúdo da Didática (Benedito, 1996:76).

Na verdade, a definição de Didática engloba duas perspectivas: vamos encontrá-la como um saber, um ramo do conhecimento — uma ciência que tem um objeto próprio —, e uma disciplina que compõe a grade curricular dos cursos de formação de professores. Tanto como ciência quanto como disciplina constituinte da formação do professor, a Didática deve fornecer a ele subsídios para uma ação competente, requerida por seu ofício.

Como se configura o ensino, objeto da Didática?

É importante considerar o ensino como uma prática social específica, que se dá no interior de um processo de educação e que ocorre informalmente, de maneira espontânea, ou formalmente, de maneira sistemática, intencional e organizada. É a este último que nos referimos, quando o mencionamos como objeto da Didática. Ela se volta para o ensino que se desenvolve na instituição escolar, realizado a partir da definição de objetivos, da organização de conteúdos a serem explorados, da proposição de uma avaliação do processo.

O ensino não é, portanto, um movimento de transmissão que termina quando a coisa que se transmite é recebida, mas "o começo do cultivo de uma mente de forma que o que foi semeado crescerá" (Oakeshott, 1968:160). Penso que é importante ir além da metáfora da semeadura e descobrir no ensino sua função essencial de socialização criadora e recriadora de conhecimento e cultura.

Por intermédio do gesto de ensinar, o professor, na relação com os alunos, proporciona a eles, num exercício de mediação, o encontro com a realidade, considerando o saber que já possuem e procurando articulá-lo a novos saberes e práticas. Possibilita aos alunos a formação e o desenvolvimento de capacidades e habilidades cognitivas e operativas (Libâneo, 1991:100) e, com isso, estimula-os a posicionar-se criticamente diante do instituído, transformando-o, se necessário. No dizer de Coelho (1996: 39-40),

> mais do que exercer uma perícia técnica específica, (ensinar) é necessariamente convidar os jovens à reflexão, ajudá-los a pensar o mundo físico e social, as práticas e saberes específicos, com o rigor e a profundidade compatíveis com o momento em que vivem. Ensinar é ajudá-los a adquirir um hábito de trabalho intelectual, a *virtus*, a força para buscarem a verdade e a justiça, para se rebelarem contra o instituído, para estarem sempre insatisfeitos com as

COMPREENDER E ENSINAR

explicações que encontram, com a sociedade na qual vivem, com a realidade que enfrentam no mundo do trabalho. E isto o docente não conseguirá fazer se ele próprio não assumir o trabalho intelectual, a superação da realidade que temos e a construção do novo como uma dimensão de sua existência.

Daí a necessidade do recurso a saberes que subsidiem a ação específica do *docente*. Ao buscarmos a significação desse termo, encontramos:

Docente, adj. que ensina, que diz respeito a professores. Do latim *docens, docentis*, particípio presente de *docere*, "ensinar". (Cunha, 1982:274)

A docência é definida como "o exercício do magistério" (Ferreira, 1975:489). O docente é professor *em exercício*, isto é, que efetivamente desenvolve uma atividade. Ser professor é uma profissão. Mas é no efetivo exercício de sua profissão que o professor recebe a denominação de docente, *particípio presente* — aquele que está desenvolvendo um processo de ensinar.

Quem ensina, ensina algo a alguém. O ensino se caracteriza, portanto, como uma ação que se articula à aprendizagem. Na verdade, é impossível falar de ensino desvinculado de aprendizagem. Muitas vezes ouvimos o professor afirmar que ensinou e que "infelizmente os alunos não aprenderam". Temos que pensar se é possível uma afirmação dessa natureza. Se pensamos o ensino como gesto de socialização — construção e reconstrução — de conhecimentos e valores, temos que afirmar que ele ganha significado apenas na articulação — dialética — com o processo de aprendizagem. É por isso que se coloca, no quadro de nossa educação, uma questão extremamente importante: estarão efetivamente ensinando os professores cujos alunos malogram?

Competência didática não significa domínio de técnicas objetivas, autônomas na sua eficácia. Significa dominar os sentidos da prática educativa numa sociedade historicamente determinada, significa capacidade de utilização de recursos aptos a tornarem fecundos os conteúdos formadores, propiciando condições para que os elementos mediadores da aprendizagem convirjam para os objetivos essenciais da educação, aglutinando-se em torno de sua intencionalidade básica. (Severino, 1996:69)

Se não há ensino sem aprendizagem, pode-se concluir que o professor — ensinante — aprende no processo de ensinar, aprende sempre. Entretanto, seu aprendizado é diferente do aprendizado dos alunos — há uma especificidade em seu trabalho e é para ela que se volta a Didática.

Libâneo (1997:117) refere-se à Didática como "disciplina integradora", que opera a interligação entre teoria e prática. Ele afirma que

ela engloba um conjunto de conhecimentos que entrelaçam contribuições de diferentes esferas científicas (teoria da educação, teoria do conhecimento, psicologia, sociologia etc.), junto com requisitos de operacionalização. Isto justifica um campo de estudo com identidade própria e diretrizes normativas de ação docente, que nenhuma outra disciplina do currículo de formação de professores cobre ou substitui.

Assim caracterizada, a Didática aparece como elemento fundamental para o desenvolvimento do trabalho docente. Quantas vezes já se afirmou, no terreno do senso comum, que o bom professor é reconhecido por sua "didática"? Claro que, utilizado dessa maneira, esse conceito é identificado com um *saber fazer* que é exigido do professor, além do conhecimento dos conteúdos específicos de sua área. Mas, mesmo se nos reportarmos a uma compreensão mais técnica do conceito, podemos manter a afirmação — a Didática faz parte essencial da formação e da prática docente.

A Didática, quer enquanto campo de conhecimento, quer enquanto disciplina no currículo dos cursos de formação do educador, deve ser entendida em seu caráter prático de contribuição ao desenvolvimento do trabalho de ensino, realizado no dia a dia da escola, e demandado pela sociedade concreta à área pedagógica. (Oliveira, M. R. S., 1993:133-134)

Não se pensa o ensino desconectado de um contexto. A consideração do ensino como uma prática educacional, historicamente situada, impõe à Didática a necessidade de compreender seu funcionamento e suas implicações estruturais, buscando ao mesmo tempo olhar para si mesma, na medida em que é *parte da trama do ensinar e não uma perspectiva externa que analisa e propõe práticas de ensinar* (Contreras Domingo, 1990:18).

Na verdade a Didática é teoria e prática do ensino. Ela agrupa organicamente os conteúdos das demais disciplinas, funcionando como uma matéria de integração (Libâneo, 1991:11). Mais do que em qualquer outra disciplina de formação de professores, ao fazer um percurso teórico de exploração de ideias e conceitos, a ação do professor servirá de referência para a ação dos alunos.

Fala-se muito que é preciso desenvolver nos alunos, hoje, a capacidade de *aprender a aprender*. Ora, nos cursos de formação de professores, a tarefa dos docentes é *ensinar a ensinar*. E isto quer dizer responder a um desafio colocado continuamente, no sentido de garantir organicidade e coerência ao processo que, com estas características, poderíamos denominar, ligando seus dois pólos constituintes, um processo de *ensinagem* (Anastasiou, 1998).

A didática é a disciplina que ordena e estrutura teorias e práticas em função do ensino, isto é, está a serviço do trabalho profissional do professor e, por isso, (...) é a disciplina-chave da profissionalidade do professor. (Libâneo,1998c:55-56)

Tratar o fenômeno do ensino como uma totalidade concreta, buscar suas determinações, pensá-lo em conexão com outras práticas sociais, é o que se procura fazer, do ponto de vista de uma concepção crítica do trabalho da didática. Pimenta (1997c) refere-se a uma "perspectiva compreensiva da didática". Isso significa que a didática procura fazer um esforço de compreensão de seu objeto e, ao mesmo tempo, se beneficia de um olhar compreensivo que se volta sobre ela. De onde vem esse olhar, senão de um terreno-irmão, que é o da Filosofia da Educação?

Trata-se, então, de refletir sobre a interlocução que realizam a Filosofia da Educação e a Didática, buscando descobrir no diálogo indicações para um trabalho fecundo e para intervenções criadoras no espaço da escola, da educação, da sociedade.

Didática e Filosofia da Educação: uma interlocução

"Hoje mundo é muito grande, porque Terra é pequena", canta Gilberto Gil. Com efeito, a Terra se torna pequena diante da possibilidade de se estabelecerem relações em questão de segundos, por intermédio das redes eletrônicas, de se ter acesso a produtos de todos os lugares, de se envolverem interesses de diversas comunidades. Cresce, portanto, o mundo, como universo de conhecimentos, ações e valores. Vasto mundo, como afirma Drummond de Andrade (1964:53). Mundo cuja extensão se torna maior em função da intervenção contínua que os seres humanos fazem sobre ele, construindo e modificando a cultura e a história.

Como ser professor neste mundo? Como fazer o exercício da docência? Que recursos usar para atender às demandas que se colocam? Como os saberes da docência podem auxiliar o professor na direção de uma atuação competente?

O que se dá hoje com o processo de ensino é peculiar, na medida em que temos um mundo que demanda do docente algo mais complexo do que aquilo a que ele estava habituado. Fiz referência acima às demandas que este mundo coloca como desafios ao trabalho dos educadores. Retomo-as, no sentido de ir ao encontro do objetivo aqui colocado.

A primeira demanda é a de superação da *fragmentação* — do conhecimento, da comunicação, das relações. Para isso, são necessárias uma visão de totalidade e uma articulação estreita de saberes e capacidades. Requer-se, então, mais do que nunca, da Filosofia da Educação o olhar largo, abrangente, na intenção de ver o processo educativo em todos os aspectos sob os quais se apresenta e dos diversos pontos de vista em que se pode enfocá-lo.

Para isto, ela precisa contar com a contribuição que vem de todas as áreas do conhecimento, mais especialmente das ciências da educação, que também são provocadas a rever seus estatutos, a atualizar o diálogo com as práticas. A Didática necessita cada vez mais dialogar com a diversidade dos saberes da docência que estão à sua volta. Ela enfrenta o desafio de buscar alternativas para pensar o ensino — ele também ameaçado de fragmentação — de modo crítico e ampliado.

Isso implica uma provocação à revisão de conteúdos, de métodos, de processos avaliativos, de currículo, enfim. Novas propostas, novas organizações curriculares fazem com que sejam retomadas, em um novo nível, antigas questões específicas do campo do ensinar:

> O que é ensinar de modo que os alunos aprendam? Que lógicas de organização curricular e de gestão escolar favorecem a aprendizagem? Como garantir que todos os alunos se apropriem dos instrumentos necessários para se situarem no mundo? Como estabelecer os vínculos entre conhecimentos, formação cultural, desenvolvimento de hábitos, atitudes, valores? Para que ensinar? Que materiais, equipamentos, mídias precisam ser mobilizados no processo de ensino? (Pimenta, 1994:120-121)

Na verdade, é preciso recolocar as perguntas clássicas e até mesmo fazer, criticamente, novas perguntas. Voltando-se para sua atuação, o professor terá que se indagar se na ação, e não apenas no discurso, ele tem se preocupado em buscar as respostas, em atualizá-las, em construí-las. Quantas vezes afirmamos que "já não se fazem alunos como antigamente" e insistimos em ser professores "de antigamente"?

A "vigilância crítica" ao trabalho estimula a aproximação da Didática com a Filosofia da Educação. Para buscar resposta para as questões desafiadoras, a Didática necessitará explicitar os princípios e fundamentos de seu trabalho e recorrer a uma reflexão rigorosa. Por sua vez, a Filosofia da Educação, para ampliar o espectro de sua reflexão, terá que se acercar das ciências da educação e perceber como se afirma ou se modifica seu estatuto, quer epistemológico, quer ético-político. A reflexão didática, como possibilidade de melhorar o fazer da prática dos professores, vê-se na encruzilhada de apresentar indicações, referências teóricas, instrumentos metodológicos que lhes permitam trabalhar melhor, para melhor colaborarem na formação dos escolares (Pimenta, 1997c:58).

No fenômeno da *globalização*, que traz o risco da massificação e da homogeneidade, abriga-se a segunda demanda: uma percepção clara das diferenças e especificidades dos saberes e práticas, não no sentido de afastá-los uns dos outros ou de isolá-los, mas de realizar um trabalho coletivo e interdisciplinar.

É necessário, assim, refletir sobre o sentido da interdisciplinaridade. Não se pode ter interdisciplinaridade se não se tiver, de início, *disciplinaridade*, muito especificamente falando.

Costuma-se falar em interdisciplinaridade de uma maneira equivocada, como se ela fosse uma *mistura* de trabalhos: vai se fazer um trabalho interdisciplinar, então juntam-se as disciplinas de português, matemática, geografia, história em torno de um tema, e pronto, tem-se interdisciplinaridade. Na verdade, é algo muito mais complexo: existe interdisciplinaridade quando se trata verdadeiramente de um *diálogo*, ou de uma parceria, que se constitui exatamente na diferença, na especificidade da ação de grupos ou indivíduos que querem alcançar objetivos comuns, que "jogam" em posições diferentes num mesmo "time". É preciso ter muita clareza no tipo de contribuição que cada grupo pode trazer, na especificidade dessa contribuição — o que estou chamando de disciplinaridade — para fazer um trabalho realmente interdisciplinar.

A ação interdisciplinar guarda um sentido de *organicidade*. Poderíamos pensar, analogicamente, em um corpo, cujos órgãos, com sua função diferenciada, realizam conjunta e harmonicamente uma tarefa. Ou ainda, pensar em corpos diferenciados que se *organizam* para um trabalho comum, como o que acontece na escola.

Assim, estaríamos falando efetivamente em um *corpo docente*, em um coletivo organizado, atuante, definidor de políticas.

COMPREENDER E ENSINAR

Procurei explorar essa ideia (Rios, 1995b:80) recorrendo, como ponto de partida, a Eduardo Galeano, em seu livro *As palavras andantes*. Ali, num pequeno texto que se chama "Janela sobre o corpo" (1994:138), Galeano nos traz:

> A Igreja diz: O corpo é
> uma culpa.
> A ciência diz: O corpo é
> uma máquina.
> A publicidade diz: O corpo é
> um negócio.
> O corpo diz: Eu sou
> uma festa.

A pergunta que me parece significativa é: que festa é esta que é promovida pelo *corpo docente* de uma instituição? Indo adiante, procurei indagar pela festa que se promove por um grupo que se chama corpo docente, que trabalha com outro corpo, *corpo discente*. Coisa bonita de se pensar: festa no corpo a corpo que é a aula, espaço de ensinagem (Rios, 1996c).

A relação pedagógica é, sem dúvida, uma relação privilegiada, uma proximidade específica. Mas precisamos estar atentos às características que ganha o corpo a corpo que mencionamos.

Uma determinada concepção de educação, que se encontra na base da Escola Nova, algumas vezes trouxe alguns equívocos, pondo acento no afetivo da relação e esquecendo suas outras dimensões. Gusdorf (1967:57) afirma que

> os anos de escola passam e esquece-se a regra de três, as datas da história da França e a classificação dos vertebrados. O que fica é a lenta e difícil tomada de consciência duma personalidade.

É importante essa afirmação, mas é necessário considerar que se o indivíduo esquece as datas da França, a regra de três, qual o significado do trabalho do professor que ensinou isso a ele? Será que o objetivo do trabalho estará sendo de verdade atingido se o aluno se lembra do tom da voz do professor, de seu jeito de escrever na lousa, e não de suas "lições" de filosofia, de geografia, de história, de didática...? Sem dúvida, são importantes aquelas características que o fazem lembrar do convívio, sim, mas do convívio inteiro, do conhecimento que ele tem oportunidade de receber e construir com o professor no diálogo dos *corpos educativos*.

E se vamos adiante na metáfora do corpo, devemos considerá--lo como um corpo que não se coloca apenas na perspectiva material em que comumente se fala, separando espírito e corpo. O corpo a que me refiro é *corpo que é espírito junto*, que não separa. Não falo em corpo docente ou discente como presença puramente física, mas numa interação de ações e significações, para a qual, na certa, quis apontar Gusdorf.

Trabalhar organicamente — é esta uma provocação que se faz contemporaneamente à Didática e à Filosofia da Educação. Trabalhar coletiva e interdisciplinarmente. A Filosofia vai trazer à Didática a contribuição do exercício de distinguir para unir, próprio da lógica, da epistemologia; a Didática vai levar à Filosofia o recurso das metodologias, das técnicas, num esforço de construção de projetos.

A terceira demanda a que me referi encontra-se no interior do *embate entre uma razão instrumental e um irracionalismo*. O que se requer é uma busca de equilíbrio, procurando-se uma relação articulada de todas as capacidades dos seres humanos na intervenção na realidade e na relação com seus semelhantes. Trata--se, no plano da Filosofia, de reafirmar seu sentido próprio de compreensão, que guarda uma dimensão intelectual e afetiva, e, no plano da Didática, de retomar e reafirmar o objetivo de uma formação que leve em conta todas as capacidades a serem desenvolvidas nos alunos/aprendizes e que as mobilize de maneira crítica e criadora.

A ampliação da ideia de conteúdos, que não se restringem apenas aos conceitos, mas englobam comportamentos e atitudes, aponta no sentido de se afastar de uma concepção de ensino marcada por uma valorização hipertrofiada da razão, como instrumento superior de construção de conhecimento. Se a educação é um processo contínuo de busca de um saber ampliado e aprofundado, de um viver inteiro, é preciso que os indivíduos estejam inteiros nessa busca. Ao lado da razão, a imaginação, os sentimentos, os sentidos são instrumentos de atuação na realidade e criação de saberes e valores. O bom ensino será, então, estimulador do desenvolvimento desses instrumentos/capacidades.

Que tipo de aporte, de contribuição, pode trazer, com relação a isso, a Filosofia à Didática? Por que ensinar e por que procurar *ensinar bem*? Olhar a ciência do ensino para buscar seu sentido — aí se evidencia uma das razões da proximidade da Filosofia e da Didática. E trazer a perspectiva ética para esta reflexão — perguntar pelos valores que fundamentam o trabalho do professor e pelos fundamentos desses valores e iluminar o espaço desse trabalho de maneira a descobrir rumos na direção de uma vida feliz, de uma sociedade justa.

Pois se a feição predominante de que parece se revestir a Filosofia em nosso tempo é a da ética, então teremos que nos preocupar com a perspectiva de realização do *bem comum*, como finalidade da ação coletiva dos seres humanos vivendo em sociedade, do trabalho educativo. Não se trata de algo romântico, idealista, e sim que se abriga na vivência da cidadania, como participação efetiva na construção da sociedade e gozo de todos os direitos humanos. O objetivo último do ensino, como socialização de conhecimento, é a contribuição para a realização da cidadania.

O outro nome do bem comum é felicidade. Será efetivamente tarefa de professor proporcionar felicidade? Não parecerá atitude infantil ou romântica trazer essa perspectiva para o contexto do trabalho docente? Será a Filosofia — aqui, a Filosofia da Educação, em sua feição ética — a "ciência" da felicidade? Recorrer à Filosofia para ser feliz parece coisa de feiras esotéricas, em que se jogam búzios ou se leem as cartas do tarô.

Mas não. O que se quer, ao pensar nos desafios do mundo contemporâneo à Filosofia, é ver mais claro, mais fundo, mais largo, ampliar a vida, que precisa ser vivida com dignidade.

Se nosso intuito é levar uma contribuição da Filosofia à Didática, temos que nos voltar para a ciência do ensino procurando garantir princípios que embasem uma prática revestida de criticidade, ampliadora de horizontes para aqueles que com ela estão envolvidos. Trata-se de retomar a reflexão sobre o conceito mesmo de ensino, sobre o ofício do professor, do ensinante, que ganha seu significado na relação dialética com os aprendizes, tornando-se na verdade também um aprendiz.

Aprender é preciso, para viver. É preciso aprender a viver. E este viver não é algo abstrato, mas algo que transcorre na *polis*, na sociedade organizada, na relação com os outros.

No Brasil, faz-se necessário que a escola aprimore seu trabalho, no sentido de superar o grave problema da exclusão social, fazer frente às demandas da sociedade, ou intervir na sociedade com o objetivo de problematizar as próprias demandas.

Uma questão fundamental é a necessidade de se construírem teorias fertilizadoras da práxis dos professores no sentido da transformação das persistentes condições de ensino e aprendizagem seletivas e excludentes; da gestação de práticas pedagógicas capazes de criar, nos âmbitos escolares, as condições de emancipação e desenvolvimento cultural, social e humano dos alunos pertencentes aos segmentos desfavorecidos da sociedade e que, por isso, sofrem o processo de marginalização em nossas escolas. (Pimenta, 1997c:24)

Trata-se de buscar realizar um ensino de boa qualidade, sinônimo de atuação competente dos docentes. A reflexão que se segue volta seu foco sobre a articulação entre *competência* e *qualidade*, procurando explorar os significados que nelas se abrigam.

CAPÍTULO 2

COMPETÊNCIA E QUALIDADE NA DOCÊNCIA

> *Todos eles traziam sacolas, que pareciam muito pesadas. Amarraram bem seus cavalos e um deles adiantou-se em direção a uma rocha e gritou: "Abre-te, cérebro!".*
>
> Arnaldo Antunes

Neste capítulo, desenvolvo uma reflexão sobre a articulação dos conceitos de *competência* e de *qualidade* no espaço da profissão docente. Ambos os termos têm sido empregados com múltiplas significações, o que dá margem a equívocos e contradições. É importante verificar as significações, indagando sobre seu aparecimento, permanência e transformação nos contextos em que são utilizadas.

Estou defendendo a ideia de *que o ensino competente é um ensino de* boa *qualidade*. Pretendo justificar a necessidade de se adjetivar a qualidade e demonstrar que, ao explorar a expressão *"boa qualidade"*, vamos ter a possibilidade de fazer a conexão estreita entre as dimensões — técnica, política, ética e estética — da atividade docente. Com isso, podemos levar adiante a reflexão sobre os saberes que se encontram em relação na formação e na prática dos professores, procurando aclarar sua especificidade e, quem sabe, contribuindo para uma interlocução efetivamente criativa, que permita o avanço na direção dos objetivos que uma perspectiva progressista propõe para a educação e o ensino.

O conceito de qualidade é totalizante, abrangente, multidimensional. É social e historicamente determinado porque emerge em uma realidade específica de um contexto concreto. Portanto, uma análise crítica da qualidade deverá considerar todos esses aspectos, articulando aqueles de ordem técnica e pedagógica aos de caráter político-ideológico. Em nossos dias, a qualidade converteu-se, segundo Enguita (1995:95-96),

> em uma palavra de ordem mobilizadora, um grito de guerra em torno do qual se devem juntar todos os esforços. Por sua polissemia, pode mobilizar em torno de si os professores que querem melhores salários e mais recursos e os contribuintes que desejam conseguir o mesmo resultado educacional a um menor custo; os empregadores que querem uma força de trabalho mais disciplinada e os estudantes que reclamam maior liberdade e mais conexão com seus interesses; os que desejam reduzir as diferenças escolares e os que querem aumentar suas vantagens relativas.

Trata-se, portanto, de uma "retórica da qualidade" que, segundo Gentili (1995:116), é preciso superar, explorando essa noção no interior de uma perspectiva crítica e dialética de consideração do trabalho educativo.

Da mesma maneira que é preciso superar a retórica da qualidade, é preciso denunciar e evitar o "discurso competente". Segundo Chaui (2000:7), esse é um discurso instituído,

> no qual a linguagem sofre uma restrição que poderia ser assim resumida: não é qualquer um que pode dizer a qualquer outro qualquer coisa em qualquer lugar e em qualquer circunstância. O discurso competente confunde-se, pois, com a linguagem institucionalmente permitida ou autorizada, isto é, com um discurso no qual os interlocutores já foram previamente reconhecidos como tendo o direito de falar e ouvir, no qual as circunstâncias já foram predeterminadas para que seja permitido falar e ouvir e, enfim, no qual o conteúdo e a forma já foram autorizados segundo os cânones da esfera de sua própria competência.

Com a consideração do discurso competente como discurso do conhecimento, a competência se reveste de um caráter ideológico, que tem o papel de dissimular a existência da dominação na sociedade dividida e hierarquizada em que vivemos. Ela ganha a feição de uma competência *privada*, identificada como um modelo sustentado pela "linguagem do especialista que detém os segredos da realidade vivida e que, indulgentemente, permite ao não especialista a ilusão de participar do saber" (Chaui, 2000:13). Os vários discursos competentes se dispõem a trazer fórmulas fechadas do saber e do comportamento nas relações entre os indivíduos, fazendo desaparecer a dimensão propriamente humana da experiência.

Ora, há uma perspectiva de consideração da competência que não guarda esse viés ideológico e que procura destacar no conceito aquilo que aponta para direitos e deveres presentes numa prática social. Ir contra o caráter ideológico do discurso da competência e da retórica da qualidade significa procurar trazer, para os sujeitos sociais e suas relações, as ideias e os valores que parecem ter sido deslocados para o espaço de uma racionalidade cientificista, de uma suposta neutralidade, em que os homens se encontram reduzidos à condição de objetos sociais e não sujeitos históricos.

A reflexão sobre os conceitos de competência e qualidade tem o propósito de ir em busca de uma significação que se alterou exatamente em virtude de certas imposições ideológicas. Trata-se de procurar recuperar, ou restabelecer, o sentido mais abrangente que guardaram, em sua origem e seu percurso, com o objetivo de revitalizá-los em sua significação.

Em busca da significação dos conceitos: o recurso à lógica

Mencionei a possibilidade de ampliar, na articulação dos conceitos, a sua *compreensão*. Para tornar mais clara essa afirmação, farei um breve recurso ao domínio da lógica formal, que nos permite analisar os conceitos em sua própria constituição.

A lógica foi chamada por Aristóteles de *organon*, instrumento cuja presença é necessária em todos os campos do conhecimento para verificar a correção do pensamento. A lógica formal, como a própria denominação indica, ocupa-se com a *forma* do pensamento, expressa pela linguagem.

O núcleo da investigação da lógica é o *juízo*, operação mental que afirma ou nega algo, que atribui um predicado a um sujeito. Os juízos são expressos em *proposições*, por exemplo: "o aluno é inteligente", "o salário não é digno". No *raciocínio*, temos um encadeamento de juízos, que se expressa num *silogismo*. O exemplo clássico de silogismo é extremamente conhecido: *Todos os homens são mortais — Pedro é homem — Logo, Pedro é mortal*. São juízos que se encadeiam, permitindo uma *dedução*, na qual se parte de uma afirmação geral e se chega a uma particular. Na *indução*, temos um raciocínio no sentido inverso: partimos de proposições que têm um caráter particular e chegamos a uma conclusão de caráter geral, universal. Quando raciocinamos, trabalhamos sempre com um encadeamento de proposições, mesmo que sua sequência não esteja explícita como a do exemplo mencionado.

A lógica encarrega-se de investigar a correção do pensamento, estabelecendo princípios e regras para se chegar à verdade. Os juízos se compõem de *conceitos*, que são representações mentais dos objetos do conhecimento: "homem", "salário", "mortal", "inteligente". Os conceitos se expressam em *termos* ou *categorias*. Os termos possuem duas propriedades lógicas: a *extensão* e a *compreensão*.

Extensão é o conjunto de objetos designados por um termo ou uma categoria. Compreensão é o conjunto de propriedades que esse mesmo termo ou essa mesma categoria designa. Por exemplo: uso a palavra *homem* para designar Pedro, Paulo, Sócrates, e uso a palavra *metal* para designar ouro, ferro, prata, cobre. A extensão do termo *homem* será o conjunto de todos os seres que podem ser designados por ele e que podem ser chamados de homem; a extensão do termo *metal* será o conjunto de todos os seres que podem ser designados como metais. Se, porém, tomarmos o termo homem e dissermos que é um animal, vertebrado, mamífero, bípede, mortal e racional, essas qualidades formam sua compreensão. Se tomarmos o termo metal e dissermos que é

COMPREENDER E ENSINAR

um bom condutor de calor, reflete a luz etc., teremos a compreensão deste termo.

Quanto maior a extensão de um termo, menor sua compreensão, e quanto maior a compreensão, menor a extensão. Se, por exemplo, tomarmos o termo *Sócrates*, veremos que sua extensão é a menor possível, pois se refere a um único ser; no entanto, sua compreensão é a maior possível, pois possui todas as propriedades do termo *homem* e mais suas próprias propriedades enquanto uma pessoa determinada. (Chaui, 1994:184-185)

Essas considerações de Chaui auxiliam-nos como referência para o trabalho de investigação dos conceitos de competência e qualidade.

A extensão e a compreensão dos termos que os expressam têm sofrido modificações em virtude das características dos contextos em que são utilizados. Assim, vamos encontrar o termo competência usado frequentemente para designar múltiplos conceitos: capacidade, saber, habilidade, conjunto de habilidades, especificidade. Também o termo qualidade se apresenta com várias significações. Fala-se da qualidade de um programa de computadores, das qualidades de um atleta, do controle de qualidade de produtos industriais, da qualidade de um projeto educacional.

Mais do que investigar, do ponto de vista lógico, qual é a significação correta dos termos/conceitos, vale perguntar, do ponto de vista ético-político, quais são as implicações de sua utilização e de que maneira podemos evitar distorções, não apenas na configuração teórica, mas — e principalmente — na prática que se desenvolve socialmente. O que está em questão não são, na verdade, as palavras, os termos, e sim os objetos da realidade que eles designam.

O que efetivamente interessa é retomar o tratamento que os conceitos ganham na educação. O discurso que aponta a necessidade de uma *educação de qualidade* tem sido recorrente na história da educação brasileira. A referência à competência aparece mais recentemente — menciona-se com frequência a necessidade de *competência* no trabalho do educador.

Parece haver um acordo, mesmo entre tendências diferentes, quando se afirma que na prática do educador devem estar presentes determinados predicados, que permitam que ela seja classificada como de *boa qualidade*. Que predicados seriam esses? Eles poderiam ser chamados de *competências*? Ou uma prática competente seria uma prática de boa qualidade e os predicados a explicitariam?

Para responder a essas indagações, é necessário investigar o sentido com que os termos têm sido utilizados, nas circunstâncias concretas em que se desenvolve a práxis educativa.

Qualidade ou qualidades?

Qualidade não é um termo de sentido unívoco — ele tem uma multiplicidade de significados. A consulta ao dicionário nos confirma:

> **Qualidade**. (Do latim *qualitate*). S.f. 1. Propriedade, atributo ou condição das coisas ou das pessoas capaz de distingui-las das outras e de lhes determinar a natureza. 4. Dote, dom virtude. 5. Condição, posição, função. 7. (Fil.) Uma das categorias fundamentais do pensamento: maneira de ser que se afirma ou se nega de alguma coisa. 8. (Fil.) Aspecto sensível, e que não pode ser medido, das coisas. **De qualidade**. 1. De boa qualidade. (Ferreira, 1975:1175)

O último sentido aí apresentado indica que se supõe que o termo qualidade já carrega em sua compreensão uma ideia de algo bom.[1] Isto nos permite entender por que encontramos na maioria dos documentos a referência a uma "educação de qualidade", sinônimo de *boa educação*.

Entretanto, quando se fala em educação de qualidade, está se pensando em uma série de atributos que teria essa educação. A qualidade, então, não seria um atributo, uma propriedade, mas con-

---

1. Não é sem razão que encontramos referência às "qualidades e defeitos" de uma pessoa.

sistiria num *conjunto* de atributos, de propriedades que caracterizariam a boa educação. Poderíamos dizer, então, que a Qualidade, com maiúscula, é, na verdade, um conjunto de "qualidades". Não é minha intenção fazer um jogo de palavras. O importante é chamar atenção para o fato de que se entendermos a qualidade como uma propriedade dos seres, teremos que considerar que algumas propriedades não têm apenas um caráter positivo, não são somente boas.

Segundo Aristóteles, a qualidade é uma das *categorias*, que se encontram em todos os seres e indicam o que eles são ou como estão. As categorias são: substância, quantidade, qualidade, relação, tempo, lugar, ação, paixão, posição e estado.

A primeira maneira de atribuir um predicado a um sujeito chama Aristóteles "substância": (...) é o primeiro ponto de vista no qual nos situamos para dizer o que algo é: este é homem, este é cavalo, este é peixe.

Mas não nos colocamos apenas neste ponto de vista. De algo que é real podemos também predicar o muito ou o pouco. Podemos dizer de um homem que é grande ou pequeno; podemos dizer de um cavalo que é grande ou pequeno; de uma coleção de coisas que são muitas ou poucas. De sorte que temos aqui outro ponto de vista do qual focalizamos o ser e que Aristóteles chama a "quantidade".

Mas qualquer ser pode ser ainda focalizado de um terceiro ponto de vista. Depois de ter dito o que é e quanto é, podemos ainda dizer que é vermelho, verde, nobre, ignóbil, feio, bonito. Este é o ponto de vista que Aristóteles chama "a qualidade". (Garcia Morente, 1964:102-103)

Qualidades são, portanto, propriedades que se encontram nos seres. Locke falou em qualidades primárias e secundárias — as primeiras seriam qualidades inseparáveis dos seres, qualidades que se manteriam apesar de todas as transformações que os seres viessem a sofrer, e as outras, qualidades que não se acham nos seres enquanto tais, mas que a eles são acrescentadas circunstancialmente. As qualidades primárias seriam determinações das coisas, pois de alguma forma fazem parte da essência, são qualidades fundamentais, permanentes, entram em sua definição. Já as qualidades secundárias são qualidades acidentais.[2] Assim, "verde" indica uma qualidade das folhas de algumas plantas, "frio" é uma qualidade do gelo, "doce" uma qualidade do açúcar. "Honesto" pode ser uma qualidade de um profissional, "bela" uma qualidade de uma mulher, "rápido" uma qualidade de um veículo.

Essas breves referências podem nos ajudar a ver de modo mais claro a noção de qualidade, quando a trabalhamos no campo da educação.

Dizemos que a educação é um processo de socialização da cultura, no qual se constroem, se mantêm e se transformam os conhecimentos e os valores. Ao definirmos assim a educação, nos reportamos à categoria da "substância". Se esse processo de socialização se faz com a imposição de conhecimentos e valores, ignora as características dos educandos, diremos que é uma *má--educação*. Se tem, ao contrário, o diálogo, a construção da cidadania, como propriedade, nós a chamaremos de uma *boa educação*. Toda educação tem qualidades. A boa educação, que desejamos e pela qual lutamos, é uma educação cujas qualidades carregam um valor positivo.

Somos, então, remetidos à necessidade de refletir sobre o que se qualifica como bom. Se recorremos à história, verificamos que o que se tem chamado de boa educação é, na verdade, extremamente variável nas inúmeras sociedades e culturas, em virtude dos valores que as sustentam. O que se considera bom ou mau tem um caráter histórico. Por isso mesmo, é preciso perguntar criticamente: de qual educação se fala quando se fala numa educação de boa qualidade? Ou: que qualidades tem a boa educação que queremos?

Se observarmos a utilização do conceito de qualidade no interior das práticas educacionais brasileiras nas últimas décadas, por exemplo, podemos perceber a perspectiva política de que ele se reveste, os interesses que se revelam nos discursos em que o termo aparece. Contreras Domingo (1997:12) afirma que

---

2. Cf. Ferrater Mora (1971:381-382).

remeter à expressão "qualidade da educação" em vez de a seus diversos conteúdos e significados para diferentes pessoas ou posições ideológicas, é uma forma de pressionar na direção do consenso sem permitir a discussão. E evidentemente este é um recurso que pode usar quem tem poder para utilizar e difundir o *slogan* como forma de legitimar seu ponto de vista sem discuti-lo. (...) Um recurso que (...) obriga a todos: uma vez que a referência à qualidade se converteu na forma de falar, ninguém pode abandoná--la, ninguém pode dizer que sua pretensão não é a qualidade da educação.

É o que temos visto acontecer no contexto brasileiro. Faz-se necessário, portanto, refletir sobre a questão da qualidade na educação. No dizer de Arroyo (s.d.), essa questão

está posta (...) pelo movimento de renovação pedagógica iniciado no Brasil, no final dos anos 70, e que tem como atores centrais os movimentos sociais urbanos e rurais, o movimento de professores (CNTE, Sindicatos e Congressos), o movimento teórico de pesquisadores e de programas de graduação e pós-graduação e tem também como atores os partidos progressistas e suas propostas políticas.

O autor lembra "momentos fortes desse movimento social, pedagógico e cultural ao longo das últimas décadas". Em cada um deles, segundo ele,

diferentes concepções e práticas sobre a qualidade na educação se confrontam, avançam e recuam. As propostas de educação postas hoje são a confluência tensa entre essas concepções e opções: 1º) a luta pela escola pública e pela cultura nos anos 50 e início dos 60: qualidade social e cultural na educação; 2º) as reformas dos anos 60-70, a lei 5692/71: desqualificando a educação e seus profissionais; 3º) o movimento de renovação pedagógica iniciado em final dos anos 70: construindo a escola pública e democrática; 4º) a qualidade neoliberal do final dos anos 80: reprivatizando o público, a gestão eficiente da escola desqualificada;

5°) repensando nosso projeto progressista, reafirmando a qualidade sociocultural na educação.

Percebe-se que se fala em "desqualificação" da educação, da escola e dos profissionais, e também numa "qualidade sociocultural". Na verdade, parece haver necessidade de efetivamente se adjetivar a qualidade. Para se contrapor a uma concepção que "desqualifica", não se faz referência a uma qualidade qualquer, mas a uma qualidade "sociocultural".

Esta ideia de qualidade "sociocultural" se coloca exatamente em oposição à concepção de qualidade veiculada nos programas de Qualidade Total.

O *Programa de Qualidade Total*, que teve seu início em empresas do Japão, na década de 50, e traz uma proposta denominada "novo paradigma" em administração, tem sido implantado em organizações do mundo inteiro. As palavras de ordem do Programa são: eficiência, controle, competitividade. Procurando ir além da administração de caráter taylorista, que privilegiava a produtividade centrada na quantidade do trabalho, instala-se a palavra de ordem da qualidade, cujo significado "deve ser buscado fundamentalmente na conformidade dos produtos com os objetivos e características das organizações e de seus processos de produção, (...) no pleno atendimento das necessidades de seus clientes" (Mezomo, 1995:160).

Na verdade, segundo Gentili (1995:31),

a qualidade transformou-se (...) em uma nova estratégia competitiva de acordo com um mercado cada vez mais diversificado e diferenciado. A retórica empresarial nem sempre enfatiza esta razão, pretendendo explicar sua euforia com outros motivos — quem sabe — de caráter mais filantrópico: reconhecimento do valor humano implícito nos produtos de qualidade, aceitação da importância da qualidade de vida do consumidor, revalorização do meio ambiente...

É principalmente na segunda metade da década de 80 que o Programa de Qualidade Total se instala no Brasil, ganhando espaço em diversas organizações empresariais e estendendo-se às instituições escolares. O discurso da qualidade aparece, afirma Gentili (1995:115), como "contraface do discurso da democratização", que estava presente nas escolas. Desloca-se o eixo do debate sobre a qualidade do ensino como direito dos cidadãos para uma articulação com as questões associadas à produtividade e à competitividade (Vieira, 1995:289).

À medida que os processos desenvolvidos pelas organizações asiáticas começaram a ser estudados, foi crescendo o interesse pela "gerência de qualidade total". O corolário que se adotou foi: "o que é bom para a empresa, é bom para a escola".

Em sua investida no campo da educação, o Programa de Qualidade Total alcançou primeiramente as escolas particulares, devido à relação mais estreita destas com o capital. Mas ganhou também atenção de sistemas públicos de ensino, apresentando-se como uma alternativa para a superação dos problemas enfrentados nas escolas. Não foram poucos os que se entusiasmaram com a ideia. Ramos (1994:25) afirmava que

> o Movimento da Qualidade Total é um movimento irreversível. Não há como não se engajar nele. O que podemos fazer é: ou "perdemos o bonde da História", como já perdemos vários bondes da História, ou nos engajamos para fazermos parte da História, porque esse movimento é de mudança de paradigma, é de ruptura com o modelo que ainda vige hoje, mas que logo vai ruir totalmente.

Seguindo a mesma linha, encontra-se em Mezomo (1995:125):

> Uma nova escola está surgindo por conta de uma filosofia de trabalho que lhe está sendo enviada pela indústria e pelas organizações de serviço. Tomara que a escola seja aluna aplicada e motivada e aprenda a lição da busca permanente da melhoria da qualidade que andou um tanto longe de suas salas de aula.

Esses posicionamentos indicam uma adesão que se encontrou mesmo em alguns educadores pretensamente ligados às tendências progressistas da educação. Segundo Gentili (1995:116), a retórica da qualidade se impôs rapidamente como senso comum nas burocracias, entre os intelectuais e — mais dramaticamente — em um número nada desprezível daqueles que sofreram e sofrem as consequências do êxito destas políticas conservadoras: os professores, os pais e os alunos.

Alguns educadores, de início, viraram suas costas ao debate sobre a presença dos programas de Qualidade Total nas escolas, indicando desde logo como evidenciador de seu caráter negativo o fato de serem programas "exportados do mundo empresarial" e, portanto, reforçadores dos valores do sistema capitalista. Entretanto, não se tratava apenas de refutar a afirmação de que "o que é bom para a empresa é bom para a escola". Logo se deu início a um movimento crítico e a uma reflexão rigorosa e aprofundada (Arroyo, 1992; Azevedo, 1994; Barbosa, 1994; Fidalgo, 1994; Franco, 1994; Gentili, 1995; Machado, 1994; Silva, 1991, entre outros), que trouxe à luz o caráter claramente neoliberal da proposta e seus equívocos e contradições.

Adjetivar de *total* a qualidade indica, na verdade, um tratamento inadequado do conceito de totalidade. Se a qualidade se coloca no espaço cultural e histórico, ela terá sempre condições de se ampliar e aprimorar. Falar em qualidade total é, pois, fazer referência a algo que se cristaliza, fica preso num modelo.[3] O que se deseja para a sociedade não é uma educação de qualidade total, mas uma *educação da melhor qualidade*, que se coloca sempre à frente, como algo a ser construído e buscado pelos sujeitos que a constroem.

É a essa qualidade que tem se referido Arroyo (s.d.). Para ele, a ideia de qualidade "sócio-cultural" passa pela "construção de um espaço público, de reconhecimento de diferenças, dos direitos iguais nas diferenças" e, mais especificamente na contemporaneidade, pela "renovação dos conteúdos críticos e da consciência crítica dos profissionais", pela "resistência a uma concepção

---

3. "Nessa ideia de totalidade não sobra espaço para a contradição", afirma Machado (1994:21).

COMPREENDER E ENSINAR

mercantilizada e burocratizada do conhecimento", pelo "alargamento da função social e cultural da escola e intervenção nas estruturas excludentes do velho e seletivo sistema escolar".

Há, em alguns autores, uma constante referência ao binômio qualidade/quantidade. Demo (1994:9-12), por exemplo, afirma que

> quantidade aponta para o horizonte da *extensão*. Vida longa, casa grande, bom salário, comida farta, anos de estudo são expressões que acentuam a necessidade quantitativa. (...) Qualidade, por sua vez, aponta para a dimensão da *intensidade*. Tem a ver com profundidade, perfeição, principalmente com participação e criação. Está mais para o *ser* do que para o *ter*. (...) A intensidade da qualidade não é da força (som intenso, por exemplo), mas da profundidade, da sensibilidade, da criatividade.

É necessário, entretanto, que não se contraponham as categorias de quantidade e qualidade. Para Cortella (1998:14-15),

> a qualidade tem que ser tratada junto com a quantidade; não pode ser revigorado o antigo e discricionário dilema da quantidade X qualidade e a *democratização do acesso e da permanência* deve ser absorvida como um sinal de *qualidade social*.
> (...) Em uma democracia plena, quantidade é sinal de qualidade social e, se não se tem a quantidade total atendida, não se pode falar em qualidade.

Associado ao conceito de democracia, a qualidade que se adjetiva de "social" é, para Cortella, indicadora da presença, na escola, especialmente na escola pública, de "uma sólida base científica, formação crítica de cidadania e solidariedade de classe social". O autor afirma, ainda, que a qualidade social "carece de tradução em qualidade de ensino".

Minha investigação vai ao encontro do que ele afirma, pois está voltada para uma ação educativa específica, que é a docência. Assim, a reflexão é provocada aqui por algumas perguntas: de que docência se fala quando se fala numa docência de boa qualidade? Que qualidades deve ter a boa docência que queremos? Serão essas qualidades o que atualmente tem sido chamado de competências?[4] No caminho para a resposta, faz-se necessário retomar, então, a noção de competência.

Competência ou competências?

Também essa pergunta se desdobra em outras: Será que devemos manter o singular, quando o que temos visto, atualmente e de maneira mais frequente, é o uso do plural? As competências de que se fala não serão, de algum modo, elementos constituintes de uma competência? Pode-se falar de uma competência olhada de um único ponto de vista ou, ainda, fazer referência a uma competência parcial? Fala-se de qualidades ou propriedades da competência — como se abriga a qualidade no conceito de competência?

O uso do termo "competências", no plural, é recente. Nós o encontramos em obras de alguns teóricos da educação, franceses especialmente, e o vemos apropriado em documentos oficiais na educação brasileira (Silva, 1999). Passa a ser constante a referência a *competências* que devem ter os profissionais de todas as áreas ou que são esperadas dos alunos nos cursos que os formam, em diversos níveis.

Ainda que seja frequente o recurso ao termo, reconhece-se que ele guarda alguns problemas com relação à sua compreensão. Ropé e Tanguy (1997:16) afirmam que a noção de competência

> se apresenta, de fato, como uma dessas noções cruzadas, cuja opacidade semântica favorece seu uso inflacionado em lugares diferentes por agentes com interesses diversos. (...) Ela tende a substituir outras noções que prevaleciam anteriormente como as dos saberes e conhecimentos na esfera educativa, ou a de qualificação na esfera do trabalho.

---

4. Demo (1994:19) afirma que "qualidade é questão de competência humana", querendo dizer que "implica consciência crítica e capacidade de ação, saber e mudar".

Perrenoud (1997:7) reconhece que "a noção de competência tem múltiplos sentidos". Recorrendo a Le Boterf, ele se refere, inicialmente, à competência como "uma *orquestração de recursos* cognitivos e afetivos diversos para enfrentar um conjunto de situações complexas" e afirma que "para que haja competência é preciso que se coloque em ação um *repertório de recursos* (conhecimentos, capacidades cognitivas, capacidades relacionais...)" (Perrenoud, 1996:16).[5]

Posteriormente, afirma que definirá

(...) uma competência como *uma capacidade de agir eficazmente em um tipo definido de situação, capacidade que se apoia em conhecimentos, mas não se reduz a eles*. Para enfrentar da melhor maneira possível uma situação, devemos em geral colocar em jogo e em sinergia vários *recursos cognitivos* complementares, entre os quais os conhecimentos. (Perrenoud, 1997:7)

Assim, para Perrenoud, as competências *utilizam, integram, mobilizam* conhecimentos para enfrentar um conjunto de situações complexas. A competência implica, também, uma capacidade de atualização dos saberes (1996:135). Afirma ele que

descrever uma competência equivale, na maioria das vezes, a evocar três elementos complementares:
• os tipos de situações das quais dá um certo domínio;
• os recursos que mobiliza, os conhecimentos teóricos ou metodológicos, as atitudes, o *savoir-faire* e as competências mais específicas, os esquemas motores, os esquemas de percepção, de avaliação, de antecipação e de decisão;
• a natureza dos esquemas de pensamento que permitem a solicitação, a mobilização e a orquestração dos recursos pertinentes em situação complexa e tempo real. (2000:15-16)

Perrenoud faz referência ao ofício de professor, "propondo um *inventário* das competências que contribuem para redelinear a

---

5. Grifos meus.

atividade docente", tomando "como guia um referencial de competências, adotado em Genebra em 1996 para a formação contínua" (2000:12). Afirma que o referencial em que se inspira "tenta apreender o movimento da profissão, insistindo em 10 grandes famílias de competências". Reconhece a complexidade de organizar um referencial, até mesmo por causa da discussão que se coloca em torno do próprio conceito de competência.

Transcrevo abaixo a lista das 10 competências, com a intenção de explicitar melhor a concepção de Perrenoud (2000:14):

1. Organizar e dirigir situações de aprendizagem.

2. Administrar a progressão das aprendizagens.

3. Conceber e fazer evoluir os dispositivos de diferenciação.

4. Envolver os alunos em suas aprendizagens e em seu trabalho.

5. Trabalhar em equipe.

6. Participar da administração da escola.

7. Informar e envolver os pais.

8. Utilizar novas tecnologias.

9. Enfrentar os deveres e dilemas éticos da profissão.

10. Administrar sua própria formação contínua.

Considerando essa lista, podemos retomar a definição apresentada por Perrenoud, que mencionei acima, e compreendê-la de modo mais claro: competências são *capacidades* que se apoiam em *conhecimentos*. A *capacidade* de envolver os alunos em suas aprendizagens, por exemplo, vai requerer o *conhecimento* do desenvolvimento cognitivo dos alunos, o *conhecimento* do conteúdo que se vai levar ao aluno etc. Compreende-se que é fundamental considerar a situação em que se desenvolve o trabalho, na medida em que ela mobiliza determinados saberes e demanda a organização de novas capacidades, em virtude do processo que se desenvolve social, técnica e politicamente.

Vários autores, mesmo sem recorrer a Perrenoud, atribuem ao conceito de competência o significado apresentado por esse autor. Podemos verificá-lo, por exemplo, na definição que nos apresenta Silva (1999:60):

> Competências são capacidades de natureza cognitiva, sócio-afetiva e psicomotora que se expressam, de forma articulada, em ações profissionais, influindo, de forma significativa, na obtenção de resultados distintivos de qualidade.

A autora procura ilustrar o que afirma, mencionando algumas competências:

> comunicar-se por meio de diferentes formas: fala, escrita, desenhos, esquemas; relacionar-se com outras pessoas, trabalhar em equipe; ter iniciativa; organizar-se pessoalmente; organizar seu ambiente de trabalho; buscar dados e informações para fundamentar argumentos e decisões; utilizar com fluência a tecnologia disponível quotidianamente aos cidadãos e profissionais. (Idem)

É de maneira semelhante que aparece a referência a *competências* nos documentos que regulamentam a educação brasileira, mais recentemente. Nos *Parâmetros Curriculares Nacionais para o Ensino Médio* encontramos:

> O MEC chegou a um novo perfil para o currículo, apoiado em *competências básicas* para a inserção de nossos jovens na vida adulta (...), tanto para o exercício da cidadania quanto para o desempenho de atividades profissionais. A garantia de que todos desenvolvam e ampliem suas *capacidades* é indispensável. (Brasil/ MEC, 1999, 1:11 e 26 — grifos meus)
>
> (...) A formação do aluno deve ter como alvo principal a aquisição de *conhecimentos básicos*, a *preparação* científica e a *capacidade* para usar as diferentes tecnologias relativas às áreas de atuação. Propõe-se, no nível do Ensino Médio, a formação geral, em oposição à formação específica; o desenvolvimento de *capacidades* de pesquisar, buscar informações, analisá-las... (Idem:14 — grifos meus)

Verificamos, assim, que o termo competência é usado ora como sinônimo de outros termos como capacidade, conhecimento, saber etc., ora contendo esses mesmos termos em sua significação.

Fazenda (1998:14-16), embora se refira a pesquisas sobre a competência professoral (utilizando o singular), apresenta quatro tipos diferentes de *competências*:

1. competência intuitiva;
2. competência intelectiva;
3. competência prática;
4. competência emocional.

A autora indica, em cada um dos tipos, atitudes e ações que identificam a presença da competência nos sujeitos. Aí, também, a ideia de competência aparece associada a saberes, capacidades, habilidades. Mais do que em outros autores, configura-se uma espécie de "perfil" do professor competente.[6] Pode-se supor que, embora se fale na competência no singular, esta aparece, em cada professor, revestida de uma marca específica, um *tonus* mais forte de uma determinada perspectiva, algo como uma "característica principal", que permite uma classificação diferenciada. De qualquer maneira, todos os aspectos realçados guardam uma conotação de algo positivo, portanto desejável.

Na medida em que os conceitos de capacidade, conhecimento, saber apontam para algo desejável, e portanto bom, pode-se perceber a relação entre a ideia de competência, usada no plural, e a ideia de qualidade, considerada esta como portadora de um sentido positivo

Encontramos, ainda nos *PCN/Ensino Médio*:

(...) A nova sociedade, decorrente da revolução tecnológica e seus desdobramentos na produção e na área da informação, apresenta

---

6. Ao referir-se à competência emocional, por exemplo, a autora (1998:16) afirma: "Ele (o professor) trabalha o conhecimento sempre com base no autoconhecimento. Essa forma especial de trabalho vai disseminando tranquilidade e mais segurança no grupo. Existe em seu trabalho um apelo muito grande aos afetos. Expõe suas ideias por meio do sentimento, provocando uma sintonia mais imediata".

características possíveis de assegurar à educação uma autonomia ainda não alcançada. Isso ocorre na medida em que o desenvolvimento das *competências cognitivas e culturais* exigidas para o pleno desenvolvimento humano passa a coincidir com o que se espera na *esfera da produção*. (Brasil/MEC, 1999:25 — grifos meus)

O que se espera na esfera da produção é a atuação de um profissional *qualificado*. É esse o discurso da Qualidade Total, que vemos ser feito pelas empresas — há uma referência à qualificação profissional, identificada com alto nível de competitividade e de adequação aos critérios da racionalidade econômica e mercadológica. Então, o termo qualificação aparece ligado ou vai sendo substituído pelo de competência. Se retomarmos o que vimos nos PCN, poderemos afirmar que se supõe que o *desenvolvimento de competências* conduz à formação de um indivíduo *qualificado*.

É preciso chamar atenção para o fato de que

a afirmação e a codificação de uma ordem de fenômenos chamados de "competências" efetuam-se em um período marcado por um aumento acelerado no número de diplomados no ensino secundário e superior.[7] Transformados em propriedade comum a um grande número de jovens, os diplomas já não bastam para diferenciar e hierarquizar os indivíduos que os detêm. (...) Para conservar seu valor social, os diplomas não constituem um título de valor imutável; seus detentores devem mostrar que possuem efetivamente as capacidades para mobilizar seus conhecimentos em determinadas situações. A empresa surge, então, como lugar privilegiado para validar essas propriedades denominadas competências, propriedades específicas valorizadas em uma atividade, mas eminentemente instáveis e provisórias, já que ligadas a contextos singulares. (Ropé e Tanguy, 1997:205)

Na verdade, coloca-se uma questão complexa, quando se leva em consideração o atual contexto social, no qual se enfrenta o

---

7. As autoras se referem à situação da educação francesa. O quadro brasileiro, entretanto, não apresenta grande diferença.

sério fenômeno do desemprego. Nesse contexto, coloca-se em xeque a noção de qualificação e a própria noção de competência, quando utilizada em substituição àquela.

Ainda assim, há uma preocupação de alguns teóricos das ciências sociais e da educação no sentido de discutir a aproximação das noções de competência e qualificação. Para Terssac (1996:245),

> a noção de competência não deve ser situada numa relação de substituição com a noção de qualificação; a oposição situa-se, mais, na concepção de organização que sustenta tal ou tal tese sobre essas duas noções.

Esse autor procura mostrar como há um movimento de transformação na noção de qualificação, a partir de teses vigentes nos anos 70, 80 e 90. Nos anos 70 encontra-se uma interpretação dada pelo modelo taylorista, que vê a qualificação como conjunto de constrangimentos que obrigam o trabalhador a se adaptar ao processo de trabalho para realizar uma dada função. Terssac afirma que se tem aí uma "qualificação negada". Desta, passa-se, nos anos 80, a uma "qualificação tolerada", numa interpretação restritiva, segundo a qual a qualificação é limitada ao domínio da situação: ela está num espaço pré-ordenado de ação e é valorizada se permite ter soluções mais funcionais, mas não se melhora o potencial do indivíduo. Na década de 90, concebe-se o que Terssac denomina uma "qualificação reencontrada": ela não se limita à realização de um fim predeterminado em um espaço delimitado, mas ela permite definir o fim e o espaço da ação. Aqui, segundo Terssac (1996:231), a qualificação se liga à autonomia, na medida em que aparece como algo a ser construído no processo de trabalho.

Embora se perceba esse movimento, ainda encontramos a noção de qualificação revestida do significado que lhe foi dado numa perspectiva taylorista. Tanguy (1997:54-55) afirma que

> o discurso sobre as competências pode ser compreendido como uma tentativa de substituir uma representação da hierarquia de saberes e das práticas, notadamente aquela que se estabelece entre o "puro" e o "aplicado", entre o "teórico" e o "prático ou entre o

COMPREENDER E ENSINAR

"geral" e o "técnico", por uma representação da diferenciação entre formas de saberes e formas de práticas, diferenciação que seria essencialmente horizontal e não mais vertical.

Alerta, entretanto, para o fato de que

> a noção de competência e os valores que ela conota se desenvolvem correlatamente a mudanças socioeconômicas aceleradas, à extensão da pregnância das relações comerciais, dos valores da eficácia medida de acordo com o mercado. (Idem:55)

O que se evidencia, de qualquer modo, é que as competências, no sistema em que vivemos, são definidas levando-se em conta a demanda do mercado. Não é mau, em princípio, levar em conta uma demanda — afinal, é preciso sempre considerar o contexto em que se desenvolvem a formação e a prática profissional. Arriscado é confundir a demanda imediata, mercadológica, com a *demanda social*, que expressa as necessidades concretas dos membros de uma comunidade.

A substituição da noção de qualificação, como *formação para o trabalho*, pela de competência, como *atendimento ao mercado de trabalho* parece guardar, então, o viés ideológico, presente na proposta neoliberal, que se estende ao espaço da educação, no qual passam a se demandar também "competências" na formação dos indivíduos.

Verifica-se que, quando se recorre ao termo "competências" para explorar a ideia de qualificação, esta também corre o risco de sofrer uma modificação em seu significado, principalmente no que diz respeito à formação profissional. Na verdade, a significação que se tem dado com mais frequência ao termo "competências" no espaço da administração empresarial está relacionada com o que se costuma chamar de *desenvolvimento de recursos humanos*.

A expressão "recursos humanos" tem sido entendida, comumente, como sinônimo de "seres humanos", os trabalhadores, os profissionais.

Tive a ocasião de ver, na sala de recepção do setor de Recursos Humanos de uma empresa, um calendário em que se destacava a frase: "Ser Humano — o maior recurso". É comum ouvirmos essa afirmação repetida em discussões sobre desenvolvimento profissional e treinamento de equipes. Ela guarda um significado que julgo importante discutir: o de que, ainda que sendo o maior, o ser humano é considerado um recurso ao desenvolver seu trabalho na sociedade. Ora, se nos detivermos no conceito de trabalho como *a atividade transformadora e intencional dos seres humanos sobre o mundo* (Marx, 1966:130), aquilo que os caracteriza como seres humanos, criadores da cultura e da história, seremos levados a questionar a concepção do homem como um recurso.

O homem não *é* um recurso — ele *possui* recursos, *cria* recursos. Faz uso de seus sentidos, dos seus sentimentos, de sua imaginação, de sua memória, de sua inteligência — *esses, sim, recursos* — para agir sobre a realidade, transformá-la, adaptá-la a suas necessidades e desejos (Rios, 1994:3).

Desenvolvendo seus recursos, o indivíduo caminha no sentido de uma qualificação constante. Qualificar, portanto, é mais que seguir uma lista de "competências" que definem o profissional eficiente em cada área.

Quando recorro à relação entre os conceitos de competência e qualificação, minha intenção é explorar a ideia de *qualidade* presente no segundo: fala-se em um profissional qualificado como um profissional que possui determinadas *qualidades* (alguns diriam *competências*) para a realização de determinadas funções.

Será competente um profissional qualificado? Se entendermos a qualificação como um processo, tenderemos a responder afirmativamente. Até porque também a competência não é algo estático, mas processual. É importante retomar a preocupação que anunciei: embora se mencione a qualificação como algo bom por sua natureza, é preciso estar atento para os critérios que a definem — bom para quem? positivo de que ponto de vista?

Retomando o que se afirmou anteriormente, guardemos a ideia de que o termo competências, no plural, vem *substituir* alguns

COMPREENDER E ENSINAR

outros. Ele toma, portanto, *o lugar de* "saberes", "habilidades", "capacidades" etc., no campo da educação, e o de "qualificação", no espaço do trabalho em outras áreas. Devemos nos perguntar a que se deve essa substituição. Muitas vezes, afirma-se que um termo é mais apropriado que outro para se referir a um determinado objeto e, então, substitui-se o termo por um já em uso, ou cria-se um novo termo. Cabe-nos indagar, então: será que os termos "conhecimentos", "capacidades", "habilidades", "atitudes", "qualificação" já não dão conta de expressar o que antes expressavam?

As considerações anteriores parecem conduzir a uma resposta: na verdade, a substituição dos termos não se dá em virtude de um esgotamento de sua significação. Ela é indicativa de um movimento que se dá no interior tanto da reflexão quanto da prática educativa e profissional. Portanto, temos que estar atentos à direção desse movimento.

Acredito que só mesmo uma atitude crítica pode nos ajudar a ver de maneira mais abrangente. Meu intuito não é o de me contrapor, pura e simplesmente, à utilização do termo "competências", indicando sua inadequação. Na verdade, a referência às competências, no âmbito das propostas de alguns teóricos, parece indicar um movimento no sentido de dar maior flexibilidade à formação, rompendo com modelos fechados de saberes e disciplinas. Entretanto, quando é apropriada pelas propostas oficiais, percebe--se que corre o risco de apenas atender a uma nova moda, mantendo-se no discurso, uma vez que não se têm alterado as condições concretas do contexto educacional.

Não se trata, como já afirmei, de uma discussão no nível das palavras, dos termos, mas de uma reflexão sobre os conceitos e os objetos da realidade por eles representados. O que desejo é afastar do conceito de competência uma compreensão ideologizante, que parece ensejar um novo tecnicismo, retornando a "palavras de ordem" para falar do trabalho pedagógico. A expressão "desenvolvimento de competências" é obrigatória nos discursos e documentos. É preciso investigar a que isso corresponde na realidade concreta das escolas.

A interlocução com os autores a que fiz referência é extremamente significativa para a reflexão que tenho desenvolvido. Assim, ao apresentar minha concepção sobre a competência, devo esclarecer que minha pretensão é participar do debate, contribuindo, a partir da especificidade de meu espaço de reflexão — a da filosofia da educação —, para a ampliação da discussão sobre a questão do significado do trabalho docente.

Quando iniciei minha investigação sobre a noção de competência, na década de 1980, verifiquei que nela se apontavam duas dimensões distintas e que se articulam: a primeira dizia respeito a um domínio de saberes e habilidades de diversas naturezas que permitia a intervenção prática na realidade, e a segunda indicava uma visão crítica do alcance das ações e o compromisso com as necessidades concretas do contexto social (Rios,1995a:122). A noção de competência se traduzia, pois, numa articulação estreita entre uma dimensão *técnica* e uma dimensão *política*.

Embora o técnico e o político fossem mencionados como dimensões *da competência* (Mello, 1982:43-44), fazia-se, na verdade, referência a eles como se pudessem ser separados: tornaram-se comuns as expressões "competência técnica" *e* "compromisso político". A obra de Mello, fonte de referência para todos os que se preocupavam com a questão do trabalho do professor, tinha como título *Magistério de 1º grau: da competência técnica ao compromisso político*.

De certa maneira, parecia haver espaço para afirmar que alguns indivíduos teriam competência técnica, mas não seriam comprometidos politicamente, e outros, ao contrário, teriam grande comprometimento político, mas não possuiriam as qualidades de caráter técnico. Criou-se, mesmo, uma certa polêmica entre alguns educadores: de um lado, encontravam-se os que procuravam dar ênfase à "competência técnica", e de outro, os que ressaltavam o significado de um "compromisso político" dos educadores.

O que muitas vezes era uma polêmica saudável entre educadores que até partilhavam de pontos de vista comuns em relação ao tema, frequentemente acabava se convertendo um uma questão problemática (Saviani, 1983). Parecia criar-se, então, equivoca-damente, uma dicotomia entre as duas dimensões da competência. Embora se reconhecessem que eram componentes de uma unida-de, a ênfase sobre cada uma delas fazia surgir o risco de descon-siderar — ou julgar que se desconsiderava — a outra (Rios, 1995a:122).

Explorei, então, a ideia de que uma das formas de superar esse risco se encontra no reconhecimento da presença de uma di-mensão *ética*, elemento de *mediação* entre a técnica e a política. Como elemento de mediação, a ética deve estar presente na técni-ca, que não é neutra, e na política, que abriga uma multiplicidade de poderes e interesses. A ética garante, então, o caráter *dialético* da relação (Rios, 1993a).

Define-se aqui a ética como uma reflexão de caráter crítico sobre os valores presentes na prática dos indivíduos em socieda-de. É no domínio da ética que se problematiza o que é considerado bom ou mau numa determinada sociedade, que se questionam os fundamentos dos valores e que se aponta como horizonte o *bem comum*, sem dúvida histórico, mas diferente de um bem determi-nado por interesses particulares e, muitas vezes, insustentáveis.

Aqui também é necessário despojar a concepção de bem co-mum de uma conotação que lhe é dada pela ideologia neoliberal. O que ali se qualifica como bem comum reporta-se a uma situação de harmonia, de ausência de conflitos e contradições, como algo constituinte de uma essência ideal dos seres humanos. Ora, o bem comum é algo que se constrói no esforço conjunto dos indivíduos, na superação das contradições reais dos contextos sociais concre-tos, na instalação da possibilidade de igualdade na diferença. É um bem coletivo, portanto, e não uma soma de experiências indi-viduais de bem-estar, ou resultante da posse de bens materiais so-cialmente valorizados.

A referência ao bem comum, garantida pela presença da éti-ca, e articulada aos elementos constitutivos da técnica e da políti-ca, conduz à definição da competência como *conjunto de saberes e fazeres de boa qualidade*. E, se mencionamos um *conjunto*, referimo-nos à *competência* — e não às *competências* — dos indivíduos, dos profissionais.

A competência guarda o sentido de *saber fazer bem o dever*. Na verdade, ela se refere sempre a um *fazer* que requer um conjunto de *saberes* e implica um posicionamento diante daquilo que se apresenta como desejável e necessário. É importante considerar-se o saber, o fazer e o dever como elementos historicamente situados, construídos pelos sujeitos em sua práxis.

A competência se revela *na ação* — é na prática do profissional que se mostram suas capacidades, que se exercitam suas possibilidades, que se atualizam suas potencialidades.[8] É no fazer que se revela o domínio dos saberes e o compromisso com o que é necessário, concretamente, e que se qualifica como bom — por que e para quem. Assim, *a dimensão técnica é suporte da ação competente*.[9] Sua significação, entretanto, é garantida somente na articulação com as demais dimensões — não é qualquer fazer que pode ser chamado de competente. Há que verificar a *qualidade* do saber e a direção do poder e do querer que lhe dão consistência. É por isso que se fala em *saber fazer bem*.

Ao trazer essa significação para o conceito de competência, posso retornar à exploração que procurei fazer sobre a lógica e apontar aqui a compreensão do termo que o expressa: *uma totalidade que abriga em seu interior uma pluralidade de propriedades*,[10] um conjunto de qualidades de caráter positivo, fundadas no bem comum, na realização dos direitos do coletivo de uma sociedade. Aponta-se, por outro lado, sua extensão: o conjunto de ações dos indivíduos que possuírem essas qualidades.

---

8. Perrenoud (1996:9) afirma: "Diz-me o que fazes ou permite-me te observar durante teu trabalho e eu te direi que competências tens".

9. Usava-se o termo *techne* na Grécia Antiga (em Platão, especialmente) para "descrever qualquer habilidade no fazer e, mais especificamente, uma espécie de competência profissional oposta à capacidade instintiva (*physis*) ou ao mero acaso (*tyche*)" (Peters, 1974:224).

10. Se retomarmos uma das definições apresentadas por Perrenoud (1996:16), veremos que há uma proximidade da significação do conceito ali colocada com o que aqui se propõe.

COMPREENDER E ENSINAR

A ideia de considerar a competência como uma totalidade não implica uma cristalização ou o enrijecimento num modelo, mas indica a impossibilidade de se mencionar uma competência parcial, representada apenas por alguma de suas dimensões. Um exemplo pode auxiliar o entendimento do que afirmo: para dizer que um professor é competente, devo levar em conta a dimensão técnica — ele deve ter domínio dos conteúdos de sua área específica de conhecimento e de recursos para socializar esse conhecimento; a dimensão política — ele deve definir finalidades para sua ação e comprometer-se em caminhar para alcançá-las; e a ética, elemento mediador — ele deve assumir continuamente uma atitude crítica, que indaga sobre o fundamento e o sentido da definição dos conteúdos, dos métodos, dos objetivos, tendo como referência a afirmação dos direitos, do bem comum.

Assim entendida a competência, não posso qualificar de competente o professor que apenas conhece bem o que precisa ensinar ou que domina bem alguns recursos técnicos ou que tem um engajamento político, é militante do sindicato de sua categoria profissional. Não faço referência a uma "competência técnica", uma "competência política" ou uma "competência ética" — não se trata de três competências, mas de três componentes de uma competência. O *conjunto* de propriedades, de caráter técnico, ético e político — e também estético, como procurarei demonstrar —, é que define a competência.

Para que se possa compreender mais claramente o que acabo de afirmar, podemos retomar aqui a lista de 10 competências trazida por Perrenoud. Se não levarmos em consideração as diversas perspectivas da competência, em sua articulação, verificaremos que a lista não dá conta do que se espera do educador para um agir de boa qualidade ou uma atuação competente, como aqui se coloca. "Utilizar novas tecnologias", por exemplo, ou "administrar a progressão das aprendizagens" só faz sentido quando se reflete criticamente sobre os interesses que orientam a prática, as intenções que a movem, o destino que terão as ações, no contexto amplo da sociedade. Perrenoud parece tomar como pressupostas essas questões. Mas há que se ter cautela para evitar a desarticulação das competências, como são apresentadas. Fica patente que não há listas de competências que darão conta da complexidade da formação e da prática do educador, do docente.

Na verdade, o conceito de competência vai sendo construído, a partir mesmo da práxis, do agir concreto e situado dos sujeitos. As qualidades que a compõem apresentam-se como um conjunto de requisitos que não fazem parte, em sua totalidade, do desempenho de cada indivíduo, mas *podem fazer* e sua possibilidade é verificada na própria realidade (Rios, 1993a:79). Vai-se construindo o conceito a partir da construção da própria ação do sujeito. Por isso temos necessidade de fazer referência a uma formação continuada dos educadores, que significa uma ampliação constante de sua competência. A competência não é algo que se adquire de uma vez por todas, pois *vamos nos tornando competentes.*[11]

Vamos encontrar ainda em Perrenoud (1997:44) a referência à competência como algo que é específico de cada profissional — daí a utilização do termo no plural. Falaríamos, então, segundo ele, numa competência do advogado, uma competência do médico, do professor etc. Guardaríamos no conceito a referência àquilo que compete a cada um fazer no espaço de seu trabalho, de sua ação.

Nesse sentido, parece-me complementar, e não inconciliável, a análise que venho fazendo do conceito: há algo que se exige de qualquer profissional, não importa a área de sua atuação, e que caracteriza a sua *competência* — o domínio de conhecimentos, a articulação desses conhecimentos com a realidade e os sujeitos com quem vai atuar, o compromisso com a realização do bem comum. Entretanto, é possível falar de uma competência específica *do professor*, que precisa dominar *determinados* conhecimentos, relativos a uma área específica da realidade — biologia, física, filosofia etc. Mais ainda: que além dos saberes *a ensinar*, necessita dominar saberes *para ensinar*.

---

11. Em Le Boterf, citado por Perrenoud (1996:9), vamos encontrar: "A competência não é um estado. É um processo".

Transmitir conhecimentos ou desenvolver competências? — é a pergunta que se coloca com relação à função da escola. Se a competência é definida como a apresento aqui, não há que fazer a pergunta de uma maneira alternativa, *adversativa*, mas *aditiva*: é tarefa da escola desenvolver capacidades, habilidades e isso se realiza pela socialização dos conhecimentos, dos múltiplos saberes.

Finalmente, é preciso trabalhar com a perspectiva coletiva presente nas noções de qualidade e competência. Qualidade implica conotação de valor e valor não tem caráter individual. Da mesma maneira, a competência se amplia na construção coletiva, na partilha de experiências, de reflexão.

Para concluir, é importante retomar:

- competência e qualidade são noções que se relacionam, na medida em que a ação competente se reveste de determinadas propriedades que são chamadas de qualidades boas;

- o que se busca é uma prática docente competente, de uma qualidade que se quer cada vez melhor, uma vez que está sempre em processo;

- como os critérios para estabelecimento do que se qualifica como bom têm um caráter cultural e histórico, é importante deixar claros os critérios e seus fundamentos;

- para indagar sobre a consistência dos critérios, faz-se necessária uma constante atitude crítica, que contribui para iluminar a prática docente competente e apontar suas dimensões.

Schmelkes (1994:31) nos diz que

qualidade é um conceito relativo e dinâmico. Não se pode definir em termos absolutos. E sempre é possível pretender mais qualidade. Um movimento de busca da qualidade é, por esta razão, um processo que, uma vez iniciado, nunca termina. Não há tal coisa como "níveis aceitáveis" de qualidade. Sempre temos que estar insatisfeitos com os níveis de qualidade alcançados, porque sempre será possível melhorá-los. A melhoria alcança novas alturas com cada problema que se resolve.

Avançando na investigação dos conceitos, tem-se possibilidade de ampliar a compreensão de competência. A articulação com a qualidade aponta na competência a presença de uma dimensão ainda não explorada, a estética.

Veremos, nos capítulos que se seguem, como se caracteriza cada dimensão do trabalho docente e como se dá a articulação entre elas, no que se pode chamar de uma *docência da melhor qualidade*.

CAPÍTULO 3

DIMENSÕES DA COMPETÊNCIA

> *A educação será tão mais plena quanto mais esteja sendo um ato de conhecimento, um ato político, um compromisso ético e uma experiência estética.*
>
> Paulo Freire

Fazendo a articulação entre os conceitos de competência e de qualidade, chegamos a uma definição de competência que a apresenta como *uma totalidade que abriga em seu interior uma pluralidade de propriedades*, um conjunto de qualidades de caráter positivo, fundadas no bem comum, na realização dos direitos do coletivo de uma sociedade.

Como isso se manifesta na docência?

Em toda ação docente, encontram-se uma dimensão técnica, uma dimensão política, uma dimensão estética e uma dimensão moral. Afirmar isto, entretanto, não significa dizer que ela é de boa ou de má qualidade. É necessário, então, indagar: de que caráter deve se revestir cada uma das dimensões da ação docente para que a qualifiquemos de competente, isto é, de boa qualidade?

O objetivo deste capítulo é explorar cada uma das dimensões, mostrando a estreita relação entre elas. Técnica, política, ética, estética não são apenas referências de caráter conceitual — podemos descobri-las em nossa vivência concreta real, em nossa prática. É dessa prática que se deverá partir, fazendo um esforço de ver na totalidade, e é a ela que se retornará para, ao ampliar a compreensão dos conceitos, torná-la mais consistente e significativa.

A dimensão técnica

O termo "técnica" é usado para indicar o "conjunto dos processos de uma arte" ou a "maneira ou habilidade especial de executar ou fazer algo" (Cunha, 1982:759). Com esse significado, fala-se em *ensino técnico*, faz-se referência ao *avanço tecnológico* do mundo contemporâneo etc.

Na Grécia antiga, onde surge, o termo *techne* era usado para "descrever qualquer habilidade no fazer e, mais especificamente, uma competência profissional oposta à capacidade instintiva ou ao mero acaso". Indicava, também, um ofício, uma arte (Peters, 1974:224).

A técnica reporta, assim, à realização de uma ação, a uma certa forma de fazer algo, a um ofício. No seu *ofício*,[1] alguém *faz* alguma coisa — aí se requer ou se demonstra alguma habilidade.

Chamamos a dimensão técnica de suporte da competência, uma vez que esta se revela na ação dos profissionais. A técnica tem, por isso, um significado específico no trabalho, nas relações. Esse significado é empobrecido, quando se considera a técnica desvinculada de outras dimensões. É assim que se cria uma visão *tecnicista*, na qual se supervaloriza a técnica, ignorando sua inserção num contexto social e político e atribuindo-lhe um caráter de neutralidade, impossível justamente por causa daquela inserção.

---

1. "A palavra ofício, do latim *officiu*, significa, em sua origem, *dever*, ter obrigação de. Cidadãos de um mesmo mundo, temos todos direitos e deveres que serão exercidos nos nossos variados papéis assumidos. (...) Um ofício é sempre complementar a outro" (Ponce, 1997b:45). Mais à frente, retomarei esse significado.

É importante que se associe a ideia de *techne* às de *poiésis* e *praxis*, para que se explore de maneira mais ampla sua presença na competência.

Podemos traduzir *poiésis* como criação, produção. Aristóteles distingue *poiein* — produzir — de *pratein* — agir. Quando faz a classificação das ciências, vai se referir a ciências teóricas (de *theorein*, contemplar), ciências práticas e ciências poéticas. O critério usado é o da finalidade das ciências. As ciências teóricas, afirma o filósofo, visam conhecer por conhecer; as ciências práticas e poéticas visam conhecer para agir. A diferença entre as duas últimas é que as ciências práticas estudam ações que têm seu fim em si mesmas (a ética e a política) e as poéticas estudam ações cujo fim é produzir alguma obra, algum objeto (a economia e as artes, por exemplo).

> Práxis, em grego antigo, significa ação para levar a cabo algo, mas uma ação que tem seu fim em si mesma e que não cria ou produz um objeto alheio ao agente ou a sua atividade. Nesse sentido, a ação moral — da mesma maneira que qualquer tipo de ação que não engendre nada fora de si mesma — é, como diz Aristóteles, práxis; pela mesma razão, a atividade do artesão que produz algo que chega a existir fora do agente de seus atos não é práxis. A esse tipo de ação que cria um objeto exterior ao sujeito e a seus atos se chama em grego *poiésis*, que significa literalmente produção ou fabricação, ou seja, ato de produzir ou fabricar algo. Nesse sentido, o trabalho do artesão é uma atividade *poética* e *não prática*. (Vázquez, 1968:4-5)

O sentido dos termos, tal como os usamos contemporaneamente, parece, na verdade, ter se invertido. Falamos comumente de uma atividade prática referindo-nos a algo de que resulta um produto e classificamos de poética algo estritamente relacionado à criação artística ou, mais particularmente, à poesia.

Guardando, entretanto, o sentido original dos termos, poderíamos afirmar que há um caráter poético na técnica, na prática profissional. Ao mencionarmos uma "arte" do docente, revelada em sua competência, apontamos aí a presença de uma dimensão poética, que requer a imaginação criadora, cuja marca fundamental é a sensibilidade (*aisthesis*) associada à razão.

Chamarei à atitude criadora da inteligência criadora *atitude poética*. Não se trata, evidentemente, de escrever poesia, mas antes de designar essa criação reduplicativa utilizando o sentido etimológico da palavra *poiesis*, produção, criação. (Marina, 1996:174)

Se a práxis não revela um caráter criador, ela tem seu significado empobrecido, tornando-se uma práxis *reiterativa* ou *burocratizada* (Vázquez, 1968). Então, o que se encontra são a repetição e o formalismo, a sujeição a modelos, a ausência da reflexão. Para que a práxis docente seja competente, não basta, então, o domínio de alguns conhecimentos e o recurso a algumas "técnicas" para socializá-los. É preciso que a técnica seja fertilizada pela determinação autônoma e consciente dos objetivos e finalidades, pelo compromisso com as necessidades concretas do coletivo e pela presença da sensibilidade, da criatividade.

A dimensão estética

Os gregos usavam o termo *aesthesis* para indicar exatamente a percepção sensível da realidade. Não é minha intenção aprofundar aqui a noção de estética como se faz no interior de uma reflexão sistemática sobre a arte,[2] nem tampouco trabalhar com a ideia de uma "educação estética", tal como é abordada por vários autores. Procuro lançar claridade sobre a presença da sensibilidade — e da beleza — como elemento constituinte do saber e do fazer docente.

Não se trata, então, de inventar uma nova dimensão para a competência. Levando adiante minha investigação, o que fiz foi

---

2. Há um longo percurso, neste campo, que remonta aos filósofos antigos, ganha formas renovadas na modernidade e estende-se em múltiplas configurações em nossos dias. De Platão a Benjamin, passando pelos medievais, por Kant, Schiller e Hegel, só para citar alguns exemplos, coloca-se à nossa disposição uma reflexão extremamente rica, que se oferece à consideração da investigação em educação (cf. Pereira, 1997).

reconhecer a necessidade de jogar luz sobre a dimensão estética, desde sempre presente, mas não explorada da mesma maneira como se tem feito com as demais dimensões.

Refiro-me à sensibilidade como algo que vai além do sensorial e que diz respeito a uma ordenação das sensações, uma apreensão consciente da realidade, ligada estreitamente à intelectualidade (Ostrower, 1986:12-13).

O ser humano, afirma Marina (1996:21), é uma *"sentimentalidade inteligente"*. A sensibilidade está relacionada com o potencial criador e com a afetividade dos indivíduos, que se desenvolve num contexto cultural determinado. Assim, afirma Ostrower (1986:17),

> a sensibilidade do indivíduo é aculturada e por sua vez orienta o fazer e o imaginar individual. Culturalmente seletiva, a sensibilidade guia o indivíduo nas considerações do que para ele seria importante ou necessário para alcançar certas metas de vida. (...) A sensibilidade se converte em criatividade ao ligar-se estreitamente a uma atividade social significativa para o indivíduo.

A sensibilidade e a criatividade não se restringem ao espaço da arte. Criar é algo interligado a viver, no mundo humano. A estética é, na verdade, uma dimensão da existência, do agir humano.

> O vício de considerar que a criatividade existe só nas artes deforma toda a realidade humana. Constitui uma maneira de encobrir a precariedade de condições criativas em outras áreas de atuação humana (...) Constitui, certamente, uma maneira de desumanizar o trabalho. (Ostrower, 1986:39)

Ao produzir sua vida, ao construí-la, o indivíduo realiza uma obra, análoga à obra de arte. É justamente aí que ele se afirma como *sujeito*, que ele produz a sua *subjetividade*. Pereira (1997:85) refere-se a uma *macroestética*, campo epistemológico independente, que nasce no século XVIII, a partir do idealismo alemão, e a uma *microestética*, que se refere ao modo como cada indivíduo se organiza como subjetividade. Assinala que "macro e micro (...) não são designações de quantidade ou de extensão, mas se referem à ordem de existencialização. Macro é a ordem do institucional e do disciplinar, campo de determinações molares da existência; micro é a ordem da processualidade, dos campos interativos de forças vivas da exterioridade atravessando um sujeito-em-prática".

O trabalho de Pereira faz um percurso que ele denomina justamente uma *estética da professoralidade*. Afirmar uma dimensão estética na prática docente é trazer luz para a subjetividade do professor, subjetividade construída na vivência concreta do processo de formação e de prática profissional.

É necessário considerar, também, que a subjetividade não se diz de um único sujeito, de uma existência singular. Subjetividade se articula com identidade, que é afirmada exatamente na relação com alteridade, com a consideração do outro.

> Não há como pensar a subjetividade sem pensar na ordem da coletividade, na presença e convivência com outros sujeitos encarnados que me afetam e são afetados por mim. A ordem da subjetividade é a ordem do coletivo. (Pereira, 1997:142)

Citando Bernardo, Pereira (1997:124) afirma que

> não existe qualquer prática que, ao mesmo tempo que suscita outras expressões, não suscite também a expressão estética, pois não há prática que não se expresse de uma maneira, e essa maneira é a estética.

Devemos retomar aqui a definição de "ser humano" que procura ir além da afirmação de que "o homem é um *animal racional*". Mais do que defini-lo dessa maneira, deveríamos afirmar que o ser humano é um *animal simbólico*. Isto significa que a racionalidade não é algo isolado, mas estreitamente articulado a outras capacidades, outros instrumentos que tem o homem para interferir na realidade e transformá-la. Nesse sentido, a imaginação, a sensibilidade são elementos constituintes da humanidade do homem e não podem ser desconsideradas quando se fala na sua realização. A poética, universo do fazer, não se desarticula

COMPREENDER E ENSINAR

da práxis, universo do agir, como a entendemos contemporaneamente.

É nessa medida que é importante trazer luz à dimensão estética do fazer humano e do trabalho docente. E se falamos em competência, não se trata de uma sensibilidade ou de uma criatividade qualquer, mas de um movimento na direção da beleza, aqui entendida como algo que se aproxima do que se necessita concretamente para o bem social e coletivo.

Um trecho longo, mas exemplar, de um dos textos de Fayga Ostrower, a cujo trabalho recorro aqui reiteradamente, nos ajuda a compreender isso melhor. Ela nos conta (cf. 1998:289) que

> o matemático Henri Poncaré (1854-1912), precursor das teorias de Albert Einstein, falando sobre o processo criador na matemática, num depoimento que se tornou famoso, se pergunta: "... como se dá a escolha prévia pelo inconsciente de certas ideias, para que passem ao nosso consciente e se coloquem como hipóteses?". E ele responde: "... é porque estas ordenações têm beleza... De um modo geral, os fenômenos inconscientes privilegiados, aqueles que se tornam conscientes, são os que direta ou indiretamente afetam de modo mais profundo a nossa sensibilidade. Talvez seja surpreendente evocar a sensibilidade emocional a propósito de demonstrações matemáticas, que aparentemente só poderiam dizer respeito ao raciocínio. Mas isto seria esquecer os sentimentos de beleza matemática, de harmonia de números, de elegância geométrica. Este é um sentimento verdadeiramente estético, que todos os matemáticos conhecem muito, e que, sem dúvida, pertence à sensibilidade emocional. (...) Quem não a tiver, jamais será um verdadeiro criador".

"Poder criar beleza", afirma Ostrower (1998:289-290), "representa a realização das mais altas potencialidades espirituais do ser humano, na manifestação de sua consciência sensível". Os sentimentos que a beleza nos proporciona ultrapassam, segundo ela, o puro prazer. "É uma dimensão ao mesmo tempo sensual e espiritual, estética e ética."

A ação docente envolve, portanto, técnica e sensibilidade. E a docência competente mescla técnica e sensibilidade orientadas por determinados princípios, que vamos encontrar num espaço ético-político.

As dimensões ética e política

A opção por abordar conjuntamente os conceitos de ética e política se apoia na ligação estreita que há entre eles. Essa ligação, entretanto, não deve nos impedir de fazer a distinção. Ao contrário, aqui também é necessário realizar o esforço de *distinguir para unir* os conceitos, os termos que os designam e os elementos da realidade por eles representados.

Ao explorar o conceito de ética, uma primeira distinção já se impõe: aquela entre *ética* e *moral*.

Se vamos em busca da origem etimológica do termo *ética*, encontramos a referência a *ethos*, "morada do homem" (Vaz, 1988:12), espaço construído pela ação humana, que transcende a natureza e transforma o mundo, conferindo-lhe uma significação específica.

> Sabe-se que em sua origem mais arcaica *ethos* significou "morada" ou "guarida" dos animais, e que só mais tarde, por extensão, se referirá ao âmbito humano, conservando, de algum modo, esse primeiro sentido de "lugar de resguardo", de refúgio ou proteção; de espaço vital seguro, resguardado da "intempérie" e no qual se costuma "habitar". O sentido de *"habitar"* ou "morar" está certamente entranhado no *ethos humano*: remete à ideia de morada interior. O *ethos* é "lugar" humano de "segurança" existencial. (González, 1996:10)

O *ethos* designa, assim, o espaço da *cultura* — do mundo transformado pelos seres humanos.

De lugar de morada, o *ethos* ganha o sentido de *costume*, jeito de viver específico dos seres humanos e que, exatamente por transcender a natureza, é plural, reveste-se de uma configuração diferente nas diferentes sociedades.

No latim, o termo que designa "costumes" é *mores*. Aí temos a origem do termo "moral". A significação originária comum dos termos *ethos* e *mores* tem levado a uma identificação entre os conceitos de ética e moral. Verifica-se, entretanto, que ética passa a designar, historicamente, não mais o costume, mas a reflexão sobre o costume, o questionamento do costume, a busca de seu fundamento, dos princípios que o sustentam.[3] Na verdade, usa-se nas línguas modernas o termo *ethos*, mantendo-o em grego, exatamente para designar a maneira de agir e de pensar que constitui a marca de um grupo, de um povo, de uma sociedade. É assim que se faz referência ao "*ethos* americano" ou ao "*ethos* judeu", por exemplo.

No *ethos* manifesta-se um aspecto fundamental da existência humana: a criação de *valores*. Valorizar é relacionar-se com o mundo, não se mostrando indiferente a ele, dando-lhe uma significação. Há valores de diversos tipos: afirmamos que algo é verdadeiro ou falso, bonito ou feio, útil ou inútil, bom ou mau. São desse último tipo aqueles valores que usamos para qualificar a conduta. É aí que se relacionam costume e valor. Tende-se a qualificar como boa ou correta uma conduta que seja costumeira e a estranhar, e mesmo a qualificar de má, uma conduta a que não se está acostumado.

Na medida em que o costumeiro vai ganhando força, instala-se o *dever*. O *ethos* é o ponto de partida para a constituição do *nomos*, da lei, da regra. Parte-se de uma certa forma reiterativa de agir, estabelecem-se a seguir convenções, um agir que se recomenda, e vai se instalando uma forma de agir que é *exigida* socialmente, para que os indivíduos possam participar do contexto, nele interferindo e relacionando-se uns com os outros.

---

3. "Embora *ta ethé* e *mores* signifiquem o mesmo, isto é, costumes e modos de agir de uma sociedade, no singular, *ethos* é o caráter ou temperamento individual que deve ser educado para os valores da sociedade e *ta éthiké* é uma parte da filosofia que se dedica às coisas referentes ao caráter e à conduta dos indivíduos e por isso volta-se para a análise dos próprios valores propostos por uma sociedade e para a compreensão das condutas humanas individuais e coletivas, indagando sobre seu sentido, sua origem, seus fundamentos e finalidades" (Chaui, 1998:1).

É então que se tem, propriamente, a moral. Ela é o conjunto de normas, regras e leis destinado a orientar a ação e a relação social e revela-se no comportamento *prático* dos indivíduos.

Embora a configuração dos costumes seja diferenciada e se modifique no tempo, a partir da intervenção dos indivíduos, a moral tem um caráter universal: todas as sociedades "têm uma moral", é o que se costuma dizer. A moralidade é constituinte do comportamento dos indivíduos e está presente em todas as sociedades.

O ato moral pressupõe liberdade e responsabilidade. A questão fundamental é a questão da *escolha*. Não se pode falar em escolha se os indivíduos não tiverem liberdade, não puderem definir em que direção orientarão sua ação. Todo juízo moral consiste em comparar *o que é* com *o que deve ser*. É importante fazer o bem e evitar o mal — essa é a regra central da moral. Parece simples. Entretanto, o que se qualifica como bem e mal em cada sociedade, em cada época, é extremamente diferenciado. O *bem*, colocado como referência para as ações e relações, é algo que se estabelece social e historicamente.

É o estabelecimento do *nomos*, das regras, dos princípios orientadores que permite que se fale no espaço verdadeiramente humano da cultura (Rios, 1993b). Temos aí a superação da *physis*, do determinismo, na medida em que o ser humano, pela intervenção livre e criadora do trabalho, define o mundo, cria significações e valores, determinando ele próprio de que forma organizar a vida. Isso significa que o *ethos*, a nossa morada, "contém e orienta nosso agir, mas é também reproduzida e modificada por ele" (Nodari, 1997:386).

Na *physis*, as coisas *são*; no *ethos*, elas *devem ser*. Os seres humanos criam as regras, e devem submeter-se a elas, para viver juntos. As normas, as leis, são constituidoras da organização social, da *polis*.

Aí já se aponta a relação entre a moral e a política. A organização social é feita pelo homem livre, a partir de determinados costumes, sustentados por determinados valores, com uma orientação específica para aqueles que fazem parte deste contexto, no

COMPREENDER E ENSINAR

sentido de dela participarem. A *"nomia"*, a organização da *polis*, se propõe a garantir o caráter humano das relações e do trabalho. Podemos mesmo dizer que a passagem da *physis* ao *ethos* e à *polis* é como um trânsito do *caos* ao *cosmos*, da indefinição para a definição. Habermas (1991:105) afirma que

> a moral pode ser entendida como um mecanismo protetor que serve de compensação à vulnerabilidade estruturalmente inscrita nas formas de vida socioculturais.

Segundo ele, os sujeitos capazes de linguagem e ação passam por um processo de "individuação" numa vida intersubjetivamente compartida, como membros de uma comunidade. Quanto mais progride a individualização, tanto mais o sujeito particular se vê envolvido em uma rede cada vez mais densa e ao mesmo tempo mais sutil de recíprocas possibilidades de desamparo e de correspondentes necessidades de proteção.

Só mutuamente as pessoas podem estabilizar sua "quebradiça identidade", afirma Habermas (1991:107). Nenhuma pessoa pode afirmar sua identidade por si só. Assim, há necessidade da moral como uma "instituição que nos informa acerca do melhor modo de nos comportarmos para resistir, mediante a consideração e o respeito, à *extrema vulnerabilidade* das pessoas" (1991:105).

A vulnerabilidade, certamente, configura-se em vários níveis, começando pela dimensão biológica da vida humana. O trabalho é, primeiro, ação no sentido da sobrevivência, da vida material. Mas é, simultaneamente, ação de conferir sentido à realidade e ao próprio ser humano, em sua existência com os outros.

> Se a *techne* assegura a subsistência dos homens, ela não os preserva da violência das espécies animais nem das guerras a que os homens se entregam quando se reúnem: ela é pois insuficiente para assegurar a sobrevivência da espécie humana. O que salvará os homens é o laço político. (Vergnières, 1998:27)

Vida *política* — é assim a vida dos seres humanos. É com a instauração do *ethos*, configurado na *polis*, que se instala a condição humana.

A *Pólis*, concretização racional do *nomos*, é o lugar onde o homem legitima seu destino, dando significação e finalidade às suas ações e escapando, dessa maneira, à arbitrariedade do *fatum*. A *Pólis* é uma totalidade onde o homem confere sentido à sua existência, reconhece e assume seus valores e formula explicitamente seu destino como uma pergunta que tentará responder com sua ação política. (Andrade, 1977:135)

Mais do que mencionar uma *natureza* humana, dever-se-ia, então, falar de uma *condição* humana, construída pelos seres humanos. Melhor dizendo, a natureza humana é algo *condicionado*, isto é, configurado pelos homens e mulheres no processo histórico. Só assim poderíamos, sim, afirmar, com Aristóteles, que o ser humano é, por natureza, um ser político. Arendt (1998:23) procura ressaltar esse aspecto de *construção* do político:

Zoon politikon: como se houvesse no homem algo político que pertencesse à sua essência — conceito que não procede; *o* homem é apolítico. A política surge no *entre-os*-homens (...) Não existe nenhuma substância política original. A política surge no intra-espaço e se estabelece como relação.

É no espaço político que transita o poder, que se configuram acordos, que se estabelecem hierarquias, que se assumem compromissos. Daí sua articulação com a moral — e a necessidade de sua articulação com a ética.

É momento de retomar, para isso, a distinção que se esboçou, no início deste item, entre ética e moral.

A moral corresponde ao *ethos* e não — é importante assinalar — à ética. A ética não se confunde com o *ethos*. Na verdade, ela tem sido chamada de "ciência do *ethos*". Na medida em que o conceito de ciência tem uma grande extensão, prefiro referir-me à ética, como venho fazendo, como *reflexão crítica sobre o ethos*.

COMPREENDER E ENSINAR

Assim, embora mantendo uma relação muito estreita, a ética não se confunde com a moral — ela *pensa criticamente sobre a moral*, como conjunto de valores, princípios que orientam a conduta dos indivíduos e grupos nas sociedades.

Há alguns autores que utilizam indistintamente os termos ética e moral para designar o que aqui estou chamando de moral. Nessa medida, falam em *éticas*, uma vez que se referem a algo de caráter normativo e, portanto, plural e diversificado. É por isso que se encontra a referência a uma "ética da burguesia" e uma "ética do proletariado", uma "ética do partido x" e uma "ética do partido y".[4]

Julgo importante manter o sentido de *crítica* que se encontra presente no conceito de ética e fazer a distinção, não só entre os termos, mas entre os conceitos. *A ética tem um caráter reflexivo, não normativo.* Ela

> implica um salto a partir da moral, um novo regime da inteligência, mais do que uma mudança de conteúdos valorativos. Um modelo de humanidade moralmente vigente pode ser recuperado pela ética, que ao clarificá-lo e fundamentá-lo o situaria numa nova órbita. Permanecendo igual teria mudado de estado. Aquilo que era objeto de uma crença passa a ser afirmação constituinte. E isso altera completamente sua natureza. (Marina, 1996:108)

É verdade que é da natureza da ética a referência a um *dever ser*. Mas é também dessa natureza um esforço de transcender um plano restrito e circunstancial, numa perspectiva de totalidade. Esse esforço não tira da ética sua dimensão social e histórica — busca apenas tornar mais preciso seu significado.

A ética realiza sua natureza de atividade propiciadora de uma relação consciente com o humano-genérico quando consegue apreen-

---

4. Chaui (1998) fala em "diferentes éticas filosóficas" e na "ética como ideologia". As primeiras se apresentam como concepções diversas dos filósofos sobre a moralidade e a segunda se mostra como uma "reforma dos costumes", como uma dispersão de "éticas locais" (ética familiar, ética profissional etc.) e como fragmentação do sujeito ético. Na verdade, na ética como ideologia estaria deturpado o sentido real da ética como reflexão.

der criticamente os fundamentos dos conflitos morais e desvelar o sentido e determinações da alienação moral, quando apreende a relação entre a singularidade e a universalidade dos atos morais, quando responde aos conflitos sociais resgatando os valores genéricos, quando amplia a capacidade de escolha consciente diante de situações de conflito moral. (Barroco, 1996:95)

Desse modo, a escolha, que consiste no núcleo do gesto moral, se reveste de uma feição *ética* exatamente quando o indivíduo avalia não apenas segundo os valores que lhe são colocados circunstancialmente, por um ou outro determinado segmento, mas leva em consideração a perspectiva de realização do bem comum.

É por essa razão que, embora se afirme a presença de uma dimensão moral no trabalho didático, na ação docente, reivindico que nela se configure, fundamentalmente, uma dimensão ética. Falamos em dimensão ética da competência porque a competência guarda uma referência a algo de *boa qualidade* — a algo que se exercita como se *deve ser*, na direção não apenas do bem, entendido com múltiplas significações, como se verifica na moralidade, mas do *bem comum*. Daí a perspectiva ética.

Assim como vimos que a dimensão técnica e a dimensão estética necessitam ser fecundadas pela ética, também a dimensão política tem necessidade dessa articulação fecunda. Desse modo, estaríamos nos aproximando da concepção apresentada por Aristóteles. Segundo ele, a finalidade da política é

dirigir-se em vista do bem comum de todas as atividades humanas no interior da "pólis". A política é a arte real, ou arquitetônica, que comanda todas as outras, como o arquiteto comandando aos diversos artesãos na construção do edifício. Ora, se o bem supremo é também um bem comum, a política tende a assegurar a todos este bem comum. Pois o fim da vida política é a consecução de uma vida feliz em acordo com a essência do homem. Com outras palavras, a autorrealização do homem enquanto ser racional e livre. Ademais, a política tem esta função, porque somente na "pólis" o homem encontra o caminho de realização de suas possibilidades. A autorrealização do homem encontra seu único caminho na "pólis". (Nodari, 1997:406-407)

COMPREENDER E ENSINAR

Tal situação, que se coloca como desejável, teria maior possibilidade de se efetivar com a presença da reflexão ética, questionando os valores e explicitando o sentido de uma "vida feliz". Se a felicidade é sinônimo de bem comum e se é esta a finalidade da vida dos indivíduos em sociedade, o trabalho de todos deve ser orientado para que se alcance esse objetivo. O que é uma vida feliz senão a possibilidade de viver plenamente o direito de acesso aos bens de toda natureza produzidos pela sociedade e de participação na construção de novos bens e direitos?

Como não estou me referindo a algo romântico e abstrato, mas que se constrói no espaço da vida coletiva, na instância não apenas do privado, mas do público, é necessário trazer para o cenário da discussão que aqui se faz o conceito que se articula à ideia de felicidade e permite compreendê-la mais amplamente. É o conceito de *cidadania*.

Fala-se muito que é tarefa da educação a formação da cidadania. É tarefa dos professores contribuir com seu trabalho para essa formação. Eles o farão, se sua ação se realizar continuamente na direção da competência, na articulação dialética das dimensões dessa competência.

Aqui se explicita a minha tese: *o trabalho docente competente é um trabalho que faz bem*. É aquele em que o docente mobiliza todas as dimensões de sua ação com o objetivo de proporcionar algo bom para si mesmo, para os alunos e para a sociedade. Ele utiliza todos os recursos de que dispõe — recursos que estão presentes ou que se constroem nele mesmo e no entorno — e o faz de maneira crítica, consciente e comprometida com as necessidades concretas do contexto social em que vive e desenvolve seu ofício.

É por isso que não falamos em competência como algo abstrato ou um modelo — temos que situá-la nas sociedades reais em que vivemos nós, professores, docentes. A competência é sempre situada — o ofício de professor se dá dentro de um sistema de educação formal, numa determinada instituição escolar, num coletivo de profissionais que fazem a escola,[5] numa sociedade específica.

Assim, a docência da melhor qualidade, que temos de buscar continuamente, se afirmará na explicitação dessa qualidade — o quê, por quê, para quê, para quem. Essa explicitação se dará em cada dimensão da docência:

- na dimensão técnica, que diz respeito à capacidade de lidar com os conteúdos — conceitos, comportamentos e atitudes — e à habilidade de construí-los e reconstruí-los com os alunos;

- na dimensão estética, que diz respeito à presença da sensibilidade e sua orientação numa perspectiva criadora;

- na dimensão política, que diz respeito à participação na construção coletiva da sociedade e ao exercício de direitos e deveres;

- na dimensão ética, que diz respeito à orientação da ação, fundada no princípio do respeito e da solidariedade, na direção da realização de um bem coletivo.

Chamamos a dimensão ética de dimensão *fundante* da competência porque a técnica, a estética e a política ganharão seu significado pleno quando, além de se apoiarem em fundamentos próprios de sua natureza, se guiarem por princípios éticos. Assim, vale reafirmar que, para um professor competente, não basta dominar bem os conceitos de sua área — é preciso pensar criticamente no valor efetivo desses conceitos para a inserção criativa dos sujeitos na sociedade. Não basta ser criativo — é preciso exercer sua criatividade na construção do bem-estar coletivo. Não basta se comprometer politicamente — é preciso verificar o alcance desse

---

5. "A instituição educativa representa um espaço sobre o qual se projetam, de forma contraditória e conflitiva, distintas pretensões e aspirações, tanto culturais como econômicas e sociais. O ofício docente não pode se entender, portanto, à margem das condições sociopolíticas que constituem a natureza da própria instituição escolar" (Contreras Domingo, 1997:46).

compromisso, verificar se ele efetivamente dirige a ação no sentido de uma vida digna e solidária.

Como afirma Contreras Domingo (1997:58-59),

> a competência profissional se refere não só ao capital de conhecimento disponível, mas também aos recursos intelectuais de que se dispõe com objeto de fazer possível a ampliação e o desenvolvimento desse conhecimento profissional, sua flexibilidade e profundidade. A análise e a reflexão sobre a prática profissional que se realiza constitui um valor e um elemento básico para a profissionalidade dos ensinantes. (...) Só reconhecendo sua capacidade de ação reflexiva e de elaboração de conhecimento profissional em relação ao conteúdo de sua profissão, assim como sobre os contextos que condicionam sua prática e que vão além da aula, podem os ensinantes desenvolver sua competência profissional.

A reflexão a que se refere esse autor é exatamente a reflexão ética. Ele segue afirmando que

> a competência profissional é uma dimensão necessária para o desenvolvimento do compromisso ético e social porque proporciona os recursos que o fazem possível. Mas é ao mesmo tempo consequência desses compromissos, posto que se alimenta das experiências nas quais se devem afrontar situações dilemáticas e conflitos em que estão em jogo o sentido educativo e as consequências da prática escolar. (Contreras Domingo, 1997:59)

Por isso, a cidadania que precisamos formar, com o exercício da docência competente, não é uma cidadania qualquer. Ela ganha sentido num espaço *democrático*, que também demanda um esforço de construção coletiva e no qual dilemas e conflitos estão a nos desafiar. É isso que pretendo explorar, na sequência do trabalho.

CAPÍTULO 4

FELICIDADANIA

> *Cidadania é dever de povo.*
> *Só é cidadão*
> *quem conquista o seu lugar*
> *na perseverante luta*
> *do sonho de uma nação.*
> *É também obrigação:*
> *a de ajudar a construir*
> *a claridão na consciência*
> *de quem merece o poder.*
> *Força gloriosa que faz*
> *um homem ser para outro homem*
> *caminho do mesmo chão,*
> *luz solidária e canção.*
>
> Thiago de Mello

> *É impossível ser feliz sozinho.*
>
> Tom Jobim

Fui buscar em Betinho este novo termo — *felicidadania* — que, a meu ver, expressa aquilo que se coloca no horizonte de uma prática profissional que se quer competente. Julgo que é um termo adequado porque, ao juntar os conceitos de felicidade e cidadania, aponta o caráter multidimensional guardado nesses conceitos e nos permite superar alguns equívocos que encontramos quando os exploramos, principalmente no terreno da educação.

No decorrer deste trabalho já se anunciou, ainda que de maneira breve, a compreensão dos conceitos que agora passo a explorar. Identificou-se a cidadania com a participação eficiente e criativa no contexto social, o exercício concreto de direitos e a possibilidade de experiência da felicidade, e esta foi entendida como concretização da vida, como realização — sempre buscada — do ser humano, algo que não se experimenta apenas individualmente, mas que ganha seu sentido mais pleno na coletividade.

Minhas intenções são a de despojar o conceito de felicidade tanto de uma marca "mercadológica" quanto de um ranço romântico de que ele tem se revestido e a de afastar do conceito de cidadania uma compreensão reducionista, que o concebe apenas no espaço formal do exercício do voto.

Neste capítulo, exploro a ideia de que cidadania e felicidade têm seu significado confirmado no espaço social em que se instale a *democracia*. Proponho a reflexão sobre o desafio que se coloca à prática docente, que se quer competente, no sentido de colaborar na construção de uma cidadania democrática, de uma sociedade na qual haja condições para uma vida feliz, uma possibilidade de *bem-ser*, mais do que bem-estar, para todos.

Retomando, em alguns aspectos, os conceitos de ética, política e estética, faço, em primeiro lugar, uma articulação entre cidadania, democracia e felicidade, para, em seguida, refletir sobre a presença desses elementos na instituição escolar e no trabalho do professor.

Cidadania

Têm-se encontrado, historicamente, compreensões diversas dos conceitos de cidadania e democracia. Da Grécia antiga, na qual surgem, até as sociedades contemporâneas, esses conceitos vão ganhando configuração diversa, em virtude da organização

COMPREENDER E ENSINAR

concreta da vida social nos diferentes contextos. É essa a razão pela qual, segundo Dagnino (1994:107),

> não há uma essência única e imanente ao conceito de cidadania, seu conteúdo e seu significado não são universais, não estão definidos e delimitados previamente, mas respondem à dinâmica dos conflitos reais, tais como vividos pela sociedade num determinado momento histórico.

O mesmo se dá com relação ao conceito de democracia. Quando se faz referência à "democracia como um valor universal", como afirma Coutinho (2000:21-22), não se entende o valor como "uma norma abstrata e intemporal, que 'valeria' independentemente da história e de suas leis", mas como algo resultante das relações e situações em que estão envolvidos historicamente os homens. A democracia é um valor universal porque diz respeito à criação e à manutenção da vida com dignidade. Mas a dimensão de universalidade não elimina sua perspectiva histórica, que se revela nas diversas feições de que se reveste nas sociedades.

Para o objetivo que se propõe aqui, não há necessidade de explorar todas as significações de que se revestiram os conceitos de cidadania e democracia. É importante chamar atenção para os avanços que se realizaram, em virtude das lutas concretas que foram travadas no sentido de ampliar a participação dos indivíduos na sociedade. Amplia-se, assim, também, a extensão dos conceitos — reafirma-se o valor universal da democracia e situa-se, no seu interior, a cidadania como direito de todos.

É importante retomar a ideia de política como espaço de existência humana em comum, "componente integral da questão humana, em cuja órbita nos movemos a cada dia", como afirma Arendt (1998:29). Para ela,

> a política é algo como uma necessidade imperiosa para a vida humana e, na verdade, tanto para a vida do indivíduo como da sociedade. Como o homem não é autárquico, porém depende de outros em sua existência, precisa haver um provimento da vida relativo a todos, sem o qual não seria possível justamente o convívio. (1998:46)

A política trata, assim, da convivência entre diferentes e diz respeito tanto às vivências de caráter privado, na instância da intimidade dos indivíduos ou dos grupos, quanto ao poder de participação na esfera pública. No espaço da vida pública, afirma Arendt (1993:102), os seres humanos "atingem sua plena realidade como homens, porque não apenas são (como na privacidade da casa); também *aparecem*". Na verdade, mesmo quando estamos sós, temos como referência a nossa relação com os outros e a ação que desenvolvemos conjuntamente.

A ação conjunta não se faz sem o estabelecimento de direitos e deveres. Essa ideia nos leva à de contrato social. De acordo com Comparato (1998:10), o constitucionalismo liberal do século passado destacou na ideia de contrato social, elaborada nos primórdios da filosofia política moderna, especialmente os direitos, ignorando os deveres. "E, ainda por cima", afirma ele, "de direitos próprios de uma relação que só comporta duas partes: é o indivíduo lutando contra o Estado". Tal atitude deixa de considerar algo fundamental, reconhecido pela teoria jurídica moderna, que é a realização de contratos não apenas bilaterais, mas "plurilaterais", em que se procura trabalhar junto para realizar um objetivo comum.

Ao transpor essa análise para o campo das ideias políticas, Comparato (1998:11-12) diz que

> o liberalismo funda-se na ideia de que os cidadãos relacionam-se entre si e com o Estado, unicamente, sob a forma de contratos bilaterais, em que cada parte forceja por obter o lucro máximo. Ou seja, todas as relações sociais podem ser submetidas a uma análise custo-benefício. Em sentido contrário, as várias correntes do socialismo humanista entendem que os cidadãos são sócios do mesmo empreendimento e companheiros de uma mesma comunidade: nenhum deles pode tirar proveito do outro, mas todos devem agir pelo bem comum, numa igualdade básica de condição social e econômica.

Nessa perspectiva, a cidadania implica uma consciência de pertença a uma comunidade e também de responsabilidade parti-

COMPREENDER E ENSINAR

lhada. Estaríamos falando, assim, de uma cidadania que ganha seu sentido num espaço de participação *democrática*, na qual se respeita o princípio ético da solidariedade. Aí se traduz o sentido original da cidadania:

> o *pólites* da Grécia antiga, que os romanos traduziram por *cives*, era propriamente o sócio da cidade, aquele que possuía direitos e deveres comuns a todos os cidadãos, e participava ativamente das decisões coletivas. (Comparato, 1998:12)

É verdade que ali eram excluídos da cidadania os escravos, as mulheres, os estrangeiros. Entretanto, pode-se tomar dessa experiência o caráter essencial, que é o de participação de todos os considerados cidadãos na organização social, e ampliá-lo, no sentido mais específico de *extensão* do conceito de cidadania. Em outras palavras, o conceito de cidadania, cuja compreensão tem como elemento essencial a participação responsável, se estende a todos os indivíduos na sociedade, sem discriminação de raça, gênero, credo religioso etc.

Democracia

Na democracia que encontramos nas sociedades capitalistas contemporâneas, a cidadania vai se identificar com a possibilidade de participar, através do voto, de decisões políticas. Ora, embora seja importante a democracia representativa, esta precisa ser articulada com a democracia participativa. Santos (2000:271) afirma que

> para que tal articulação seja possível é necessário que o campo do político seja radicalmente redefinido e ampliado. A teoria política liberal transformou o político numa dimensão setorial especializada da prática social — o espaço da cidadania — e confinou-o ao Estado. Do mesmo passo, todas as outras dimensões da prática social foram despolitizadas e, com isso, mantidas imunes ao exercício da cidadania. O autoritarismo e mesmo o despotismo das relações sociais "não políticas" (econômicas, sociais, familiares,

profissionais, culturais, religiosas) pôde assim conviver sem contradição com a democratização das relações sociais "políticas" e sem qualquer perda de legitimação para estas últimas.

Não basta ter o direito de participar, mas é preciso que se criem condições efetivas para essa participação. Quando à democracia política não corresponde uma democracia econômica e social, prejudica-se o sentido da cidadania.

Democracia é sinônimo de soberania popular. Ou seja: podemos defini-la como a presença efetiva das condições sociais e institucionais que possibilitam ao conjunto dos cidadãos a participação ativa na formação do governo e, em consequência, no controle da vida social. (...) Uma verdadeira democracia é um processo que implica não só modificações políticas, mas também modificações econômicas e sociais. (Coutinho, 2000:49-50 e 129)

Necessitamos, então, segundo Santos (2000:271), de uma "nova teoria democrática", que rompa com a teoria democrática neoliberal e proceda ao que ele chama de "repolitização global da prática social", a partir da qual se criarão oportunidades para o exercício de novas formas de democracia e de cidadania.

Dagnino (1994:104) faz referência à "emergência de uma nova noção de cidadania", que se distingue de uma visão liberal "essencializada". Essa autora apresenta alguns itens que apontam para a distinção entre esse novo conceito e a visão liberal:

• na nova cidadania, há possibilidade de não só usufruir dos direitos existentes, mas de inventar novos direitos;

• a nova cidadania se dá como uma estratégia dos excluídos, com a definição dos direitos pelos que não são considerados cidadãos;

• a nova cidadania se constitui num desenho mais igualitário das relações sociais;

• a nova cidadania inclui não só a relação do indivíduo com o Estado, mas a relação com a sociedade civil;

COMPREENDER E ENSINAR

- a nova cidadania reivindica não a "inclusão" no sistema político, mas o direito de participar na própria definição do sistema;
- a nova cidadania leva em conta a diversidade de questões emergentes nas sociedades contemporâneas, principalmente nas latino-americanas: as questões de gênero, de saúde, de meio ambiente etc. (Dagnino, 1994:108-109)

Canclini (1997) é outro autor que trabalha numa redefinição do conceito de cidadania, procurando ultrapassar o que chama de "noção estatizante de cidadania" e considerando no conceito não apenas a referência que este guarda em relação aos direitos à igualdade, mas também em relação aos direitos à diferença.

Na medida em que a política fica submetida "às regras do comércio e da publicidade, do espetáculo e da corrupção", afirma Canclini (1997:20), a cidadania passa a relacionar-se com o consumo e quase a ser com ele identificada. É necessário

desconstruir as concepções que julgam os comportamentos dos consumidores predominantemente irracionais e as que somente veem os cidadãos atuando em função da racionalidade dos princípios ideológicos. (Idem:21)

A identificação do cidadão com o consumidor aparece na ótica de uma visão "mercadológica". Canclini procura chamar atenção para a necessidade de o cidadão ter acesso aos bens que se produzem na sociedade em que vive, portanto, de se identificar, de algum modo, como consumidor desses bens. Entretanto, repita-se que do mesmo modo que ser cidadão não é apenas relacionar-se com o Estado, no lado oposto, não é estar apenas sujeito de maneira irrefletida aos apelos do mercado, tal como se propõe nas sociedades capitalistas.

"Consumir é viver, conviver é sumir", canta Paulinho da Viola, num belo samba,[1] em que se faz uma crítica aguda à vida

---

1. "Consumir é viver", de Marcus Vinicius. LP *Paulinho da Viola*. Odeon, 1971.

convertida em supermercado. Conviver é a palavra de ordem, não para sumir, mas *aparecer*, no espaço político, como já se apontou.

Cada vez que entramos num acordo para fazer algo juntos, de modo a não precisarmos nos controlar mutuamente, porque temos respeito uns pelos outros, instala-se, no dizer de Maturana (1998:78), uma "conspiração democrática", que consiste num "convite criativo, não uma restrição autoritária".

> A democracia é uma obra de arte político-cotidiana que exige atuar no saber que ninguém é dono da verdade, e que o outro é tão legítimo como qualquer um. Além disso, tal obra exige a reflexão e a aceitação do outro e, sobretudo, a audácia de aceitar que as diferentes ideologias políticas devem operar como diferentes modos de ver os espaços de convivência. (Maturana, 1998:75-76)

Nessa democracia autêntica, cria-se o espaço para que se construam conjuntamente as regras e se estabeleçam os caminhos. Quando isso se dá, resulta uma lealdade do povo às leis e à constituição. Na Grécia antiga,

> essa virtude é chamada curiosamente de *polemike*; não se trata aí de um atributo guerreiro, mas político: é apto a ser governado politicamente um povo *polemikos*, isto é, um povo que tem suficiente coração para recusar um poder despótico ou paternal e bastante docilidade para respeitar a autoridade política legítima. (Vergnières, 1998:193)

A relação entre cidadania e democracia explicita-se também no fato de que ambas são *processos*. O empenho coletivo deve se dar na direção de uma *democratização*, assim como de uma *construção constante* da cidadania.

Felicidade

Na articulação entre cidadania e democracia retoma-se, mais uma vez, a articulação entre ética e política. "A cidade só é (...)

COMPREENDER E ENSINAR

comunidade verdadeiramente política quando se torna comunidade ética", como nos diz Vergnières (1998:161), lembrando Aristóteles. É realizando sua tarefa de cidadão que cada indivíduo "pode dar prova de suas qualidades e experimentar a felicidade especificamente humana da vida ativa". Toda cidade deve ser organizada solidamente, de sorte que os cidadãos sejam capazes de agir juntos não somente para subsistir, mas para viver felizes. (Vergnières, 1998:162)

Entra em cena, pois, a felicidade, como objetivo de uma vida que se experimenta coletivamente. O que se coloca como finalidade do agir e relacionar-se dos seres humanos é a *vida boa*, sinônimo de vida vivida com dignidade.

Para Aristóteles, a finalidade da ação humana é a felicidade, que, segundo ele, consiste numa atividade racional, própria do ser humano. Na *Ética*, o filósofo aponta como experiência da felicidade a atitude contemplativa e afirma que o homem deve subordinar a atividade sensível à atividade racional. É este o preço da felicidade e a condição da moral humana. Portanto, "para ser feliz, o homem deve viver pela inteligência e segundo a inteligência". (Nodari, 1997:391)

Não é com o sentido aristotélico que aqui se faz referência à felicidade. Quando refletimos sobre a dimensão estética do agir humano, vimos que é insuficiente definir o homem como animal racional, uma vez que a racionalidade está estreitamente articulada à imaginação, à memória, à sensibilidade.

Assim, poderíamos nos voltar para a questão da finalidade da ação humana, afirmando que o que se visa é, sim, à felicidade, mas não entendida como desenvolvimento de uma atividade racional ou de contemplação. Na experiência da felicidade tem-se o envolvimento pleno das capacidades do ser humano, que inclui, segundo Marina (1996), "o agradável, o interessante, o belo, o estimulante e o alegre". Esse autor afirma que

felicidade é aquele modo de estar-no-mundo que ninguém quereria perder. (...) O modo feliz de ser-no-mundo corresponde a uma sentimentalidade inteligente, criadora e livre (...) O que Aristóteles diz, na realidade, é que a felicidade consiste em *viver inteligente-mente*. E como (...) a inteligência do homem é criadora, trata-se, em última análise, de *viver criativamente*.

A associação de felicidade e cidadania se dá na medida em que o exercício da cidadania é possibilitador da experiência da felicidade.

É preciso deixar de lado a ideia "hollywoodiana" de felicidade, identificada com uma vida "cor-de-rosa", sem conflitos e contradições. Se afirmamos que felicidade é outro nome para o bem comum e que o bem comum é o bem coletivo, bem público, queremos dizer que ela se identifica com a possibilidade de participar criativamente da sociedade, dizer sua palavra, ser ouvido e reconhecido em sua identidade, ser considerado e saber considerar no coletivo.

O conceito de felicidade também tem seu significado construído historicamente. Na verdade, se a felicidade se coloca como a possibilidade de participar, é preciso considerar também, sempre, as condições concretas, que se apresentam no social, para essa participação.

Falar na felicidade como algo que se experimenta em companhia não significa dizer que não há uma experiência individual da felicidade. Cada sujeito, na sua vivência pessoal e intransferível, tem a sua maneira de conduzir-se à felicidade. Ela é como um prisma, com múltiplas faces, que reflete a mesma claridade de maneira diferenciada, no espaço em que se coloca.[2]

Alteridade e autonomia

É no convívio que se estabelece a identidade de cada pessoa, na sociedade. Abrigada nos múltiplos papéis que se desempenham socialmente, a identidade conjuga as características singulares de

---

2. Essa imagem me foi sugerida por Branca Ponce.

um indivíduo à circunstância em que ele se encontra, à situação em que ele *está*.

A identidade aparece, assim, como algo *construído* nos limites da existência social dos sujeitos. Somos o que somos porque *estamos numa determinada circunstância*. E não podemos deixar de ressaltar que essa circunstância se configura de uma determinada maneira porque *estamos nela*, e a construímos de maneira peculiar. Somos porque estamos, ganhamos nossa identidade enquanto a construímos. Galeano (1991:123) nos diz que

> somos (...) o que fazemos para transformar o que somos. A identidade não é uma peça de museu, quietinha na vitrine, mas a sempre assombrosa síntese das contradições nossas de cada dia.

Síntese de contradições *de cada dia*, a identidade é algo em permanente construção e se constrói na articulação com a *alteridade*, implica o reconhecimento recíproco.

Aqui, é preciso que se coloque o foco sobre os princípios que estão presentes na reflexão ética e a caracterizam como tal. Refiro-me aos princípios do respeito *mútuo*, da *justiça*, do *diálogo*, da *solidariedade*. Todos eles apontam para algo que é o núcleo da relação intersubjetiva que se pauta pela ética: o *reconhecimento do outro*.

A relação social fundamental é uma relação entre sujeitos: eu-outro. Sendo uma relação entre *sujeitos*, é uma relação simétrica. Perde, entretanto, sua simetria, quando deixo de reconhecer, no outro, alguém como eu, humano do mesmo modo, portador dos mesmos direitos.

Não posso dizer que sou *eu*, se não sou reconhecido pelo *outro* e se não o reconheço como alguém como *eu*. Não alguém idêntico a mim — impossível! —, mas alguém *diferente e igual*. O contrário de igual não é diferente — é *desigual*, e tem uma conotação social e política. A afirmação da identidade se dá na possibilidade da existência da diferença e na luta pela superação da desigualdade.

A desigualdade se instala na medida em que deixo de reconhecer o outro como alguém que entra na constituição de minha identidade — *alter* — e passo a tratá-lo como *alienus*, o alheio, aquele com quem não tenho a ver. Instala-se, assim, uma forma específica de alienação: a desconsideração do diferente, com quem se estabelece a comunicação, a convivência, a construção partilhada de cada um e de todos, no mundo.

> A preocupação ética se constitui na preocupação com o outro (...) e tem a ver com sua aceitação, qualquer que seja o domínio no qual esta se dê. Por isto a preocupação ética nunca vai além do domínio de aceitação do outro em que ela se dá. Ao mesmo tempo, dependendo de aceitarmos ou não o outro como um legítimo outro na convivência, seremos ou não responsáveis frente a nossas interações com ele ou com ela, e nos importarão ou não as consequências que nossas ações tenham sobre ele ou ela. (Maturana, 1998:84)

Essas considerações nos remetem para a questão da liberdade, em torno da qual se estreita a relação entre ética e política. Entendida no sentido grego,

> a coisa política está (...) centrada em torno da liberdade, sendo liberdade entendida negativamente como o não-ser-dominado e não-dominar, e positivamente como um espaço que só pode ser produzido por muitos, onde cada qual se move entre iguais. Sem esses outros que são meus iguais não existe liberdade alguma. (Arendt, 1998:48)

Segundo Ricoeur (1995:18), "o poder existe quando os homens agem juntos: ele desaparece a partir do momento em que eles se dispersam".

Pode-se ir mais longe, afirmando-se que a dispersão se dá exatamente quando se instala o não reconhecimento do outro, gerador do fenômeno da *violência*, definida por Costa (1997:67) como "abuso de poder, invasão desestruturante de uma ordem desejável, posta no horizonte ético da cultura". Referindo-se ao "alheamento em relação ao outro", afirma que

COMPREENDER E ENSINAR

ao contrário do ódio, da rivalidade explícita ou do temor diante do adversário que ameaça privar-nos do que julgamos fundamental em nossas vidas, o alheamento consiste numa atitude de distanciamento, na qual a hostilidade ou o vivido persecutório são substituídos pela *desqualificação do sujeito como ser moral*. Desqualificar moralmente o outro significa não vê-lo como um agente autônomo e criador potencial de normas éticas, ou como um parceiro na obediência a leis partilhadas e consentidas, ou, por fim, como alguém que deve ser respeitado em sua integridade física e moral. (Costa, 1997:69)

A indiferença — não valorização do outro — é, portanto, uma face da violência. "Ao contrário da crueldade inspirada na rivalidade ameaçadora, real ou imaginária, a indiferença anula quase totalmente o outro, em sua humanidade" (idem:71).[3]

O outro aparece como medida de nossa liberdade, pois a liberdade se dá *em relação*. Não há homens livres sozinhos. Se tivéssemos indivíduos isolados, não haveria sentido em se falar em liberdade. Somos livres *em companhia*.

À ideia de liberdade se articula a de *autonomia*, que significa a possibilidade de estabelecer princípios e regras para a ação, reconhecendo e internalizando os valores do contexto ou problematizando e substituindo aqueles que não se mostram consistentes. O desenvolvimento moral dá-se exatamente num processo que vai da heteronomia, quando o comportamento dos indivíduos se pauta apenas pelas imposições externas, para a autonomia, quando os indivíduos são capazes de avaliar e reformular os valores norteadores da conduta.

Autonomia não significa independência. Ela é sempre *relativa*, não no sentido que o senso comum dá a esse adjetivo. Afir-

---

3. No dizer de Costa, é esse fenômeno que estamos assistindo no Brasil hoje. É, por um lado, o comportamento das elites, em relação aos pobres, os miseráveis, os marginalizados. Eles são cada vez menos percebidos como pessoas morais. As elites preocupam-se apenas com seus problemas privados, dando costas aos problemas coletivos. Por outro lado, a indiferença produz "uma reação igual e contrária. Os desfavorecidos também começam a negar seu pertencimento a um povo, classe ou nação, e o crescimento do banditismo urbano mostra que aprenderam bem a lição dos mentores".

ma-se, comumente, que alguém tem uma "autonomia relativa", ou uma "liberdade relativa", querendo com isso dizer-se que se tem um pequeno grau de liberdade ou de autonomia. Ora, a autonomia e a liberdade são sempre relativas, isto é, elas são algo que se experimenta *em relação*, no convívio com outras pessoas.

Não se pode falar, portanto, de liberdade absoluta, ou de autonomia absoluta, identificadas com ausência de limites para as ações dos indivíduos. A liberdade e autonomia se experimentam *em situação* e não há situações sem que haja limites. Uma situação é uma articulação de limites e possibilidades. Podemos mesmo afirmar que se é tanto mais livre quanto mais se reduzam os limites e se ampliem as possibilidades que se encontram nas situações vivenciadas (Rios, 1993b:15).

Os limites e as possibilidades da liberdade definem-se efetivamente na consideração da *alteridade*. É nessa medida que se dá a articulação entre liberdade e responsabilidade. Somos responsáveis porque somos livres. E somos livres respondendo aos outros, que nos interpelam, nos desafiam e, mais ainda, nos significam com sua presença.

O reconhecimento do outro e o respeito a ele devem coexistir com o autoconhecimento e a exigência de respeito da parte dele. Trata-se de uma relação efetivamente dialética: ao voltar-me para mim mesmo, encontro o outro, e para voltar-me para ele é necessário que eu me volte sobre mim mesmo, na medida em que na relação intersubjetiva não há a possibilidade de conhecimento sem que sejam afetados os dois polos. Estamos falando, portanto, da exigência essencial de um *respeito mútuo* na relação entre os indivíduos.

Na compreensão do conceito de felicidadania encontrar-se--ão as perspectivas que foram aqui mencionadas. Cidadania e felicidade colocam-se como intercomplementares. Ganham sentido num espaço verdadeiramente democrático, em que as ações e as relações sustentam-se em princípios éticos: afirmam-se as identidades no diálogo, no respeito mútuo, na justiça e na solidariedade e buscam-se condições de uma vida digna.

Isto vale para todas as instâncias da vida social. É importante, no entanto, tendo em vista os propósitos deste trabalho, refletir sobre os desafios que se colocam para a prática docente, que se quer competente, para colaborar na construção da felicidadania.

A ação docente e a construção da felicidadania

Vimos que é num contexto democrático que a cidadania tem efetivamente possibilidade de ganhar seu sentido mais pleno.

Para ser cidadão, é necessário que o indivíduo tenha acesso ao saber que se constrói e se acumula historicamente e ter condições de recriar continuamente esse saber.

Eis aí o que se demanda às instituições sociais e, mais particularmente, à escola: desenvolver seu trabalho no sentido de colaborar na construção da cidadania democrática. Se esta se identifica com a possibilidade de instalação de uma vida digna e feliz para todos, pode-se dizer de outro modo o que se acabou de afirmar: *a escola é um dos lugares de construção da felicidadania.* Esse deve ser, pois, o objetivo dos educadores, em especial do professor, em todos os níveis de ensino e qualquer que seja sua área de especialização.

Retomam-se, então, ao voltar-se o foco para o trabalho docente, as ideias inicialmente exploradas.

1. *Construir a felicidadania, na ação docente, é reconhecer o outro.*

O outro, de que se fala na relação docente, é, para o professor, o aluno.[4] Reconhecer o outro no aluno é considerá-lo na perspectiva da *igualdade na diferença*, que é o espaço da justiça e da solidariedade.

O aluno é efetivamente diferente, especialmente no que diz respeito à sua maturidade em relação ao conhecimento que é ne-

---

4. É importante que se considerem todos os *outros* com que se relaciona o professor na comunidade escolar. Aqui se faz referência à relação específica *professor-aluno*.

cessário partilhar com ele. Partimos da diferença real para chegar à igualdade possível, como afirma Saviani (1982:61). Do ponto de vista ético, a igualdade já está instalada no começo: é uma igualdade de direito de um sujeito que é também um "eu", humano, pensante, sensível, complexo.

O reconhecimento do outro tem, como se viu, o respeito como corolário. Do ponto de vista do senso comum, que se constitui a partir de uma visão ideologizada da vida social, costuma-se afirmar que respeitamos os outros quando não interferimos em suas vidas. No espaço da prática docente competente não pode ser esse o entendimento. Respeitar não deve significar "deixar ficar como está", e sim, intervir no sentido de permitir o desenvolvimento das potencialidades e de estimular novas capacidades.

Se o olhar crítico significa um olhar abrangente, ao voltar-se para o aluno, o professor terá a exigência de ver-se a si mesmo no processo. E de buscar o seu desenvolvimento junto com o do aluno. A prática competente contribuirá para a formação da cidadania não apenas do aluno, mas do próprio professor, uma vez que o que se diz a respeito da pessoa que se deseja formar é exatamente o mesmo que se deve exigir para a pessoa formadora, para o docente.

2. *Construir a felicidadania, na ação docente, é tomar como referência o bem coletivo.*

Trata-se aqui dos princípios que vão nortear a ação do professor. O que ensinar? Como ensinar? Para quem ensinar? são perguntas que não podem estar desvinculadas de outras como: Por que ensinar? Para que ensinar? Se o que se pretende, como finalidade, é formar a cidadania, as respostas serão orientadas por ela.

Pensemos em cada uma das dimensões: o domínio dos conhecimentos necessários, a definição e o desenvolvimento de conteúdos voltados para as demandas concretas do social, a escolha de recursos efetivamente mediadores para a socialização de conhecimentos e valores, a consciência das finalidades e das implicações das ações e a reflexão constante sobre o fundamento do

COMPREENDER E ENSINAR

trabalho são elementos definidores do que se chamou de boa qualidade. E o que explicita essa qualidade é sua orientação na direção do bem coletivo.

A ação que tem essas características contrapõe-se àquela que vai ao encontro apenas do interesse de determinados segmentos, que sustenta privilégios e discriminações.

3. *Construir a felicidadania, na ação docente, é envolver--se na elaboração e desenvolvimento de um projeto coletivo de trabalho.*

A educação, como todo fenômeno humano, tem um caráter histórico. No presente do trabalho que aí se desenvolve, entrecruzam-se o passado, como memória e tradição, e o futuro, como *projeto*.

Um projeto de escola não se faz sem a participação de todos os que a constituem e não é uma mera soma de projetos individuais, mas sim uma proposta orgânica, em que se configura a escola necessária e desejada, e na qual se articulam, na sua especificidade, as ações de cada sujeito envolvido.

Na elaboração do projeto, é necessário considerar criticamente os limites e as possibilidades do contexto escolar e do contexto mais amplo de que este faz parte, definindo os princípios norteadores da ação, determinando o que se deseja alcançar, estabelecendo caminhos e etapas para o trabalho, designando tarefas para cada um dos sujeitos e segmentos envolvidos e avaliando continuamente o processo e os resultados (Rios, 1992:75).

A Escola é o lugar do entrecruzamento do projeto coletivo e político da sociedade com os projetos pessoais e existenciais dos educadores. É ela que viabiliza a possibilidade de as ações pedagógicas dos educadores tornarem-se educacionais, na medida em que as impregna das finalidades políticas da cidadania que interessa aos educandos. Se, de um lado, a sociedade precisa da ação dos educadores para a concretização de seus fins, de outro, os educadores precisam do dimensionamento político do projeto social para que sua ação tenha real significação enquanto mediação da humanização dos educandos. (Severino, 1991:66)

Os projetos funcionam como mapas para o trabalho do coletivo na escola. "O mapa é a certeza de que existe o lugar", nos diz Adélia Prado (1981:53). Na verdade, a segurança, sempre provisória, de que se alcançarão os objetivos traçados decorre da investigação e da exploração das possibilidades que se colocam para o trabalho.

No projeto se revela o caráter utópico do trabalho pedagógico, que aponta para algo *ideal*, que *ainda não* existe, mas que *pode vir a existir*, exatamente porque há a possibilidade de se descobrirem, ou se criarem, no real, as condições de sua existência.

O professor enfrenta o enorme desafio de se mobilizar continuamente na descoberta e na criação das possibilidades de ampliação de seu trabalho e de considerá-lo sempre como constituinte de uma proposta coletiva, que exige empenho e corresponsabilidade.

4. Construir a felicidadania, na ação docente, é instalar na escola e na aula uma instância de comunicação criativa.

A relação professor — aluno é uma relação comunicativa. No processo de ensino — aprendizagem, o professor, ao comunicar-se com os alunos, faz com que estes, por seu intermédio, comuniquem-se uns com os outros e com a realidade, com os conhecimentos e os valores.

A forma de que se reveste a comunicação pode favorecer ou afastar a possibilidade de uma aprendizagem realmente significativa. A linguagem é o instrumento de que dispõe o professor para entrar em relação com os alunos, sua realidade e suas experiências. E são múltiplas as linguagens: a corporal, a escrita, a falada.

A palavra é um dos recursos que "se interpõem entre os indivíduos e as coisas para atribuir-lhes significados e indicar determinado sentido do olhar, estabelecendo uma *distância* eu-mundo para que seja possível pensá-lo" (Rosa, 1998:50). A palavra do professor conduz à aventura de pensar o mundo e apropriar-se dele de uma maneira peculiar.

> Essa distância entre o homem e seu mundo, representada pela linguagem, confere ao ato pedagógico um poder quase mágico. Por ele é possível transitar do presente ao passado e daquele ao futuro sem retroceder ou avançar efetivamente no tempo; "passear" por espaços nunca vistos sem sair do lugar; quantificar o inquantificável por meio da aventura dos números, virar os corpos do avesso, ver por dentro ou, ainda ver o invisível com o auxílio da Biologia, da Química, da Física, da Filosofia. (Rosa, 1998:51)

Comunicar e comungar têm a mesma origem etimológica. Comungar é uma forma de participar, de unir. O verbo latino *communicare* tem o sentido de tornar comum, fazer saber (Cunha, 1982:202). Essa significação nos remete à finalidade última do trabalho docente: para construir o bem comum, é necessário tornar comum o saber, romper com a ideia do conhecimento como propriedade privada, colocar ao alcance de todos o que se produz, para que seja apropriado e transformado.

A comunicação pedagógica se realiza efetivamente no diálogo. O diálogo se faz na diferença e na diversidade. Há que existir, portanto, na prática docente, espaço para a palavra do professor e do aluno, para o exercício da argumentação e da crítica.

> Uma comunidade de argumentação só é possível (...) na base de um *reconhecimento mútuo originário*: cada um reconhece todo outro como portador dos mesmos direitos enquanto parceiro do debate crítico. (...) A argumentação é inconciliável com a manipulação, com a coisificação, pois implicaria a negação da autonomia, da criticidade originária, imanente à práxis comunicativa. (Oliveira, M., 1993:160)

Recoloca-se, então, a exigência ética do reconhecimento do outro — a atenção à palavra do aluno, o auxílio no sentido de fundamentar essa palavra, de libertá-la das imposições redutoras de seu significado.

(...) A dimensão ética é condição de possibilidade de toda a práxis comunicativa: se como dimensão ética se entende a dimensão da existência humana em que a liberdade é posta em questão na ação de conquistar-se, efetivar-se, então condição de possibilidade do agir comunicativo é a exigência ética originária. (Idem)

Falamos em comunicação criativa. Se o ato de comunicar, além de "tornar comum", é "fazer saber", podemos pensar que essa expressão deve ser entendida não só como um gesto do professor que "faz saber ao aluno alguma coisa", mas um gesto do aluno, que, no processo comunicativo, "faz saber — *constrói conhecimento, cria cultura e história* — com o professor e os colegas".

5. *Construir a felicidadania, na ação docente, é criar espaço, no cotidiano da relação pedagógica, para a afetividade e a alegria.*

Em outro momento deste trabalho,[5] mencionei um artigo no qual, recorrendo a uma expressão de Galeano (1994:138), que afirma que "o corpo é uma festa", indago sobre a possibilidade de uma festa promovida pelo corpo docente da escola, na relação com o corpo discente (Rios, 1995b:80).

A ideia de festa me parece fecunda para refletir sobre a relação pedagógica, pois nela está abrigada a noção de alegria e de prazer. Deve-se observar, no entanto, que a festa que pode ser vivenciada na aula tem características específicas. Ela está relacionada ao sentimento positivo de saborear o mundo, quando se sabe dele. E também ao sentimento positivo de partilha. A alegria se constrói em coro.

Resta perguntar se, levando-se em conta as condições precárias que se têm para o exercício da docência, há aí espaço para festa. Minha resposta é afirmativa e a tenho sustentado com base no testemunho de inúmeros professores.[6]

---

5. Ver Capítulo 1, pp. 35-38
6. Nos encontros e cursos de que tenho participado, percebo a alegria de professores quando adquirem novos conhecimentos, quando partilham suas ideias com os colegas,

COMPREENDER E ENSINAR

Sob a influência de uma das marcas da modernidade, que é o relevo de uma razão instrumental, ganha força na educação escolar uma concepção de caráter positivista, que desvaloriza o que não se revestir de um pretenso rigor científico, objetivo. Digo pretenso porque confundido, nessa perspectiva, com *rigidez*. O rigor é mesmo uma característica fundamental não só do conhecimento científico, mas de qualquer conhecimento crítico. A rigidez, porém, imobiliza, e não deixa espaço para a sensibilidade, que é sinônimo de movimento, de flexibilidade.

Como o rigor pressupõe seriedade, é preciso que a escola seja séria. Ao equívoco na compreensão de rigor, junta-se agora o equívoco no tratamento da seriedade: confunde-se seriedade com "cara fechada", ausência de riso. E deixa-se o riso fora da escola.

Ora, ser professor, séria e rigorosamente, é trazer uma contribuição à descoberta do mundo pelos alunos, é proporcionar crescimento e alegria com a construção e a reconstrução do conhecimento.

É isso que se quer dizer quando se afirma que a ação docente pode ser criadora de felicidade. A felicidade não está presente na escola na hora do recreio, na festa junina ou na comemoração dos aniversários — ela está presente quando se aprendem os conteúdos necessários para a inserção na sociedade, quando se respeitam os direitos de todos, quando se aprimoram as condições de trabalho.

Despojada de um sentido romântico de que é às vezes revestida, a afetividade traz cor e calor à prática educativa. E beleza. Quantas vezes não se ouviu um professor dizer que deu uma *aula bonita*?[7] A felicidade tem a ver com a beleza — ou é o con-

---

quando descobrem novas alternativas para seu trabalho. Ouço-os expressar sua crença em mudanças, mesmo em situações adversas. Algumas pesquisas têm verificado essas perspectivas na vivência dos professores (cf. Abdalla, 2000).

7. Com isso se quer dizer, em geral, que aquilo que se ensinou foi compreendido pelos alunos, que eles se envolveram com as atividades propostas, que "deu certo" o trabalho. Por isso, o que fez o professor não foi só "certo", no sentido de adequado, lógica e tecnicamente. Foi "certo" também do ponto de vista político, ético e estético. "Foi bonito", como diz ele.

trário? Não importa. O que importa é que o professor possa reconhecer que sua ação será de boa qualidade quando for "plena de vida, de força, de inteligência e de alegria". (Nodari, 1997:401)

6. *Construir a felicidadania, na ação docente, é lutar pela criação e pelo aperfeiçoamento constante de condições viabilizadoras do trabalho de boa qualidade.*

A competência se define como um conjunto de qualidades presentes na ação profissional. Diz respeito, portanto, à existência de condições, de *boas* condições. Não é demais repetir que as condições não se encontram apenas no docente, mas também à sua volta, no contexto em que ele desenvolve seu trabalho.

São condições não apenas o domínio que tem o professor do conhecimento teórico e prático e a habilidade de utilizar recursos metodológicos para socialização daquele conhecimento. É preciso levar em conta as condições infraestruturais para o trabalho. São boas condições "saber filosofia", "ter habilidade para ensinar" — responsabilidade do docente — e também "ter um salário digno", "ter tempo para preparar e avaliar o trabalho" (Ponce, 1997a), "ter classes com número de alunos condizente com a natureza do trabalho", "ter apoio dos colegas na organização do projeto coletivo", "ter salas iluminadas e arejadas e material pedagógico adequado" — responsabilidade de outras pessoas ou instâncias com as quais seu trabalho está relacionado.

São condições não apenas o envolvimento e o compromisso do professor com as necessidades e demandas concretas da sociedade. São boas condições a atitude crítica e responsável, da parte do docente, e também o respeito a todos os seus direitos, da parte dos alunos, dos colegas, da direção, dos dirigentes do sistema educativo.

Afirmar que não são de inteira responsabilidade dos professores as condições para uma ação de boa qualidade não quer dizer, numa perspectiva pessimista e ingênua, que o professor terá a possibilidade de ser competente apenas quando todas as condições "que não dependem dele" se efetivarem. Na verdade, não há,

COMPREENDER E ENSINAR

estritamente, "condição que não dependa dele", uma vez que faz parte mesmo da ação competente a reivindicação de condições objetivas de boa qualidade para que se realizem seus objetivos, a crítica constante, para que se superem os problemas e se apontem e se transformem as condições adversas.

Para finalizar, é preciso chamar atenção para o fato de que a "listagem" de exigências para a construção da felicidadania, aqui apresentada, constitui uma referência e se amplia na medida em que se considerem os contextos concretos de trabalho e as características peculiares de cada um.

Tive a preocupação de afirmar anteriormente que não há listas de qualquer natureza que darão conta da complexidade da formação e da prática docente. Não se esgotarão, também as características enumeradas em quaisquer "perfis" que se colocam como desejáveis. Minha intenção foi trabalhar com algumas características que definem a boa qualidade e retomar os princípios em que ela se sustenta.

Volto a Betinho. Num de seus artigos, ele afirma que a mudança na sociedade começa por rejeitar o que é tido como inevitável:

> Todos podem e devem comer, trabalhar e obter uma renda digna, ter escola, saúde, saneamento básico, educação, acesso à cultura. Ninguém deve viver na miséria. Todos têm direito à vida digna, à cidadania. A sociedade existe para isso. Ou, então, ela não presta para nada. O Estado só tem sentido se é um instrumento dessas garantias. A política, os partidos, as instituições, as leis só servem para isso. (Souza, 1994:34)

Assim como me apropriei do termo que ele inventou, vou ousar continuar sua proposição: A educação só serve para isso. A escola só serve para isso. *O trabalho docente só serve para isso.*

CAPÍTULO 5

CERTEZAS PROVISÓRIAS

> *Se alguém disser o nome definitivo das coisas acaba a conversa. Quem deu o nome último, final, unívoco das coisas, esse mata a discursividade, a linguagem; mata a alma, a cultura, a literatura, a poesia, a filosofia, a sociologia, a política e toda a conversa dos mortais.*
>
> José Américo Pessanha

> *Eu quero sempre mais do que vem nos milagres.*
>
> Cecília Meireles

O trabalho docente só serve para colaborar na construção da felicidadania.

O pequeno advérbio pode incomodar: não se empobrece ou se reduz o trabalho do professor quando se diz que ele *"só"* serve para isso? Para dar uma resposta, é importante voltar ao que *"isso"* — a construção da felicidadania — quer dizer.

Na verdade, antes de mesmo de se juntarem num único termo, os conceitos de felicidade e cidadania já se entrelaçavam em minha reflexão neste trabalho.

O propósito anunciado foi o de desenvolver uma reflexão sobre a formação e a prática docente, colocando como questão nuclear a articulação entre os conceitos de *competência* e de *qualidade*, no sentido de se ampliar a compreensão desses conceitos e, considerando-os no trabalho do professor, ampliar também a possibilidade de uma intervenção significativa no contexto social.

Ao realizar essa reflexão, procurei trazer ao campo da Didática a contribuição da Filosofia da Educação, abrindo espaço para uma interlocução crítica, no sentido de enfrentar os desafios que se colocam, hoje, para esses saberes, entre outros necessários à docência.

Quando chamei atenção para aqueles desafios, procurava responder às perguntas: O que é ser professor no mundo contemporâneo? Que tipo de demandas encontra o professor em seu ofício, na atualidade?

Tais perguntas já continham a ideia de que há *novas necessidades* colocadas à escola e a seus profissionais em nossos dias. É fácil constatar que a revolução tecnológica e a globalização da economia e da política e os fenômenos sociais delas decorrentes trouxeram ao campo da educação novas provocações e inquietações. Colocaram-se como demandas para a Filosofia e a Didática:

- a superação da fragmentação: a necessidade de um diálogo dos saberes que se encontram na ação docente, a revisão de conteúdos, métodos, processos avaliativos, apoiada em fundamentos consistentes;

- a superação da massificação decorrente da globalização: a necessidade de uma percepção clara das diferenças e especificidades dos saberes e práticas para um trabalho coletivo e interdisciplinar;

- a superação de um embate entre a razão instrumental e o irracionalismo: a necessidade da descoberta e valorização da sensibilidade, a articulação de todas as capacidades dos indivíduos.

Se retomarmos o percurso até aqui, vamos encontrar, como elemento recorrente, o que está sendo chamado de felicidadania e que se coloca como algo a ser construído pela ação do professor.

Para que superar a fragmentação, enfrentar criticamente uma organização social problemática, valorizar o conjunto de capacidades do ser humano em sua inteireza?

Para buscar instalar a felicidadania.

Como fazer isso?

Desenvolvendo um trabalho da melhor qualidade.

E onde ela se revela?

A melhor qualidade se revela na escolha do melhor conteúdo, entendido na acepção contemporânea que nos remete a conceitos, comportamentos, atitudes.

O critério que orienta a escolha do melhor conteúdo é o que aponta para a possibilidade do exercício da cidadania, da inserção criativa na sociedade.

Por que e para que ensinar determinados conceitos? Por que e para que estimular determinados comportamentos? Por que e para que exigir determinadas atitudes?

Há sentido na resposta quando se afirma que é porque essa escolha vai permitir que avance o processo de democratização da sociedade, que os indivíduos exerçam seus direitos, vivam com dignidade, desenvolvam sua criatividade, juntos, na reafirmação constante do compromisso com a realização do bem público, comum a todos, que não pode ser apropriado isoladamente por ninguém.

A melhor qualidade se revela na definição dos caminhos para se fazer a mediação entre o aluno e o conhecimento.

Qual é a melhor metodologia?

É aquela que tem como referência as características do contexto em que se vive, a vida concreta do educando, e aquilo que se deseja criar, superando limites e ampliando possibilidades.

A melhor qualidade revela-se na sensibilidade do gesto docente na orientação de sua ação para trazer o prazer e a alegria ao contexto de seu trabalho e da relação com os alunos. Alegria no melhor sentido, resultante do contato com o mundo e da ampliação do conhecimento sobre ele.

A melhor qualidade não é sinônimo de "qualidade total".

O ensino da melhor qualidade é aquele que cria condições para a formação de alguém que sabe ler, escrever e contar. Ler não apenas as cartilhas, mas os sinais do mundo, a cultura de seu tempo. Escrever não apenas nos cadernos, mas no contexto de que participa, deixando seus sinais, seus símbolos. Contar não apenas números, mas sua história, espalhar sua palavra, falar de si e dos outros. Contar e cantar — nas expressões artísticas, nas manifestações religiosas, nas múltiplas e diversificadas investigações científicas.

A melhor qualidade é, na verdade, uma "qualidade ausente".

Vamos encontrar esta expressão em um texto de Santos (2000:277). Ao analisar, de modo agudo e profundo, as questões desafiadoras do mundo contemporâneo e o fracasso de alguns movimentos sociais, esse autor refere-se à necessidade da permanência da luta pelo socialismo e chama o socialismo de "uma qualidade ausente", isto é, "um princípio que regula a transformação emancipatória do que existe, sem, contudo, nunca se transformar em algo existente". Para ele, "a ideia de socialismo foi libertada da caricatura grotesca do 'socialismo real' e está, assim, disponível a voltar a ser o que sempre foi: a utopia de uma sociedade mais justa e de uma vida melhor".[1]

Fazendo recurso a essa consideração, poderíamos dizer aqui, de maneira análoga, que a melhor qualidade, que se pretende na prática docente, é uma "qualidade ausente", na medida em que se coloca sempre à frente, estimula projetos, tem um caráter utópico. Como afirma Galeano (1994:310),

> ela está no horizonte (...) Me aproximo dois passos, ela se afasta dois passos. Caminho dez passos e o horizonte corre dez passos.

---

1. Santos discute em seu trabalho as ideias de subjetividade, cidadania e emancipação. Ele se refere ao socialismo como um princípio que regula a transformação emancipatória do que existe, sem, contudo, nunca se transformar em algo existente. Há um sentido político na emancipação, que significa a ampliação e o aprofundamento das lutas democráticas em todos os espaços da prática social. Para ele, "o socialismo é a democracia sem fim".

Por mais que eu caminhe, jamais a alcançarei. Para que serve a utopia? Serve para isso: para caminhar.

No núcleo da interlocução entre Filosofia da Educação e Didática, encontra-se, pois, a *melhor qualidade* como algo que se busca constantemente e que justifica a formação sempre contínua de ensinantes e aprendizes. Na medida em que "a educação é prática que ocorre nas diversas instâncias da sociedade (e) seu objetivo é a humanização dos homens, isto é, fazer dos seres humanos participantes dos frutos e da construção da civilização, dos progressos da civilização, resultado do trabalho dos homens" (Pimenta, 1994:83), a reflexão sobre o ensino não pode deixar de colocar — e recolocar continuamente — para si essa intencionalidade.

Afirmou-se aqui que a escola brasileira necessita aprimorar seu trabalho, no sentido de que se socializem efetivamente os conhecimentos e os valores significativos, que se incluam os excluídos, que se afastem os preconceitos e discriminações, que se dê espaço para as diferenças e que se neguem as desigualdades. Apontou-se a necessidade fundamental de se construírem teorias fertilizadoras da práxis dos professores.

É na direção dessa construção que se deve encaminhar o esforço da Filosofia da Educação e da Didática, no diálogo que estabelecem, diálogo no qual se ressalta a especificidade de cada um dos saberes e que permite uma interação em mão dupla.

A referência a um esforço teórico nos remete à questão, sempre presente, da relação entre teoria e prática, na educação. "A relação entre teoria e educação", nos diz Carr (1996:14), "resulta sempre exasperante". Com isso se quer dizer que há inúmeras formas de entender a teoria e que muitas vezes ela é concebida como algo isolado da prática e cujo valor só se determina pela possibilidade de utilização de seus resultados na prática.

É importante considerar o caráter dialético da relação teoria--prática. Quando se fala na teoria como fertilizadora da prática, deve-se pensar na prática como terreno de onde se recolhem os supostos da teoria. Segundo Carr (idem:101), "na práxis, nem a teoria nem a prática gozam de preeminência: cada uma modifica e revisa continuamente a outra." Este autor afirma ainda que

> o fato de "teorizar" forma parte do processo dialético de autotransformação e de mudança social: o processo através do qual os indivíduos se refazem a si mesmos e, ao mesmo tempo, refazem sua vida social. (...) Deste ponto de vista, a teoria da educação tem que recolher os valores, conceitos e supostos básicos que estruturam a prática educativa cotidiana. Na medida em que se preocupe em mudar a educação, fazendo do educador um "teórico" melhor, constituirá, em si mesma, um processo educativo, transformando a prática educativa mediante a formação do profissional da educação. (Carr, idem:15)

Essas considerações são importantes porque chamam nossa atenção para uma distinção que se faz com muita frequência: aquela entre os "teóricos", professores e pesquisadores das universidades, e os "práticos", os professores não universitários, que procuram "aplicar" em seu espaço de trabalho o que recebem da academia. Kemmis (1996:19) se refere a isso quando afirma que

> apesar do aparente reconhecimento dos teóricos de vanguarda de que os práticos não são funcionários descerebrados que atuam sob o comando das teorias de terceiros ou do também aparente reconhecimento de que a prática e a teoria se desenvolvem unidas e de forma reflexiva, muitos investigadores continuam estudando a prática "do exterior", convencidos de que suas intuições, adquiridas na batalha intelectual dos seminários de pós-graduados ou nas conferências internacionais, produzirão mudanças na prática educativa dos professores que não assistem a tais encontros.

"É preciso que estejamos interessados tanto pelas teorias dos 'práticos' como o estamos por suas práticas, e que estudemos as práticas dos 'teóricos' de forma tão minuciosa quanto fazemos com suas teorias", enfatiza.[2]

---

2. Também em Zeichner (1993:16), vamos encontrar a afirmação de que é preciso reconhecer que "a produção de conhecimentos sobre o que é um ensino de qualidade não

Entendida desse modo, a teoria da educação não é "teoria *sobre* a educação', mas teoria 'para a educação', incluindo um compromisso com as metas de ilustração e potenciação profissional que supõe inevitavelmente a compreensão reflexiva da educação." (Carr, 1996:15)

Em seu trabalho, Carr se dirige a todos os teóricos que vivem "para a educação" e não "da educação". O espírito com que procurei desenvolver este trabalho foi semelhante àquele de que fala esse autor: também eu acredito que seja fundamental viver *para* a educação, em vez de viver *da* educação.

Falamos da boa qualidade que deve estar presente no trabalho do professor. A presença dessa boa qualidade — em todos os sentidos em que a exploramos na prática docente — o faz *ganhar* a vida. Com o trabalho alienado, sem remuneração adequada, sem conhecimento consistente, sem reconhecimento social, perde-se a vida. Vive-se de algo, não se vive para algo.

No que diz respeito à Filosofia da Educação, recordo-me da resposta que dava o professor Moacyr Laterza, amigo e companheiro de trabalho em Belo Horizonte, quando lhe indagavam se seu trabalho era com a "Filosofia Pura". "Não há filosofia *pura*", dizia Laterza. "A filosofia é sempre *para.*" Recorro, então, a Laterza e a Carr para afirmar que o exercício que aqui faço é um exercício de filosofia *para* a educação, de Filosofia da Educação *para* a Didática.

O que venho procurando fazer, inclusive aqui, reconhecendo os limites de minha reflexão, é colaborar no sentido de trazer aos professores subsídios para que eles possam *teorizar*, lidando de maneira crítica com os conceitos que circulam em sua prática educativa cotidiana. Conceitos que parecem já ter seu lugar e sua compreensão estabelecida, mas que merecem ser explorados e até mesmo ressignificados.

é propriedade exclusiva das universidades e centros de investigação e desenvolvimento e que os professores também têm teorias que podem contribuir para uma base codificada de conhecimentos do ensino".

Estabelecer um diálogo da Filosofia com a Didática e usá-lo como recurso para estabelecer um diálogo com os professores foi, portanto, um propósito presente neste trabalho. Pretendi revelá-lo na própria forma como o redigi.

A academia tem produzido um discurso que, pelo menos no primeiro momento, não está ao alcance daqueles que KEMMIS chama de "práticos". Não penso ingenuamente que qualquer texto que aí se produza deva alcançar, de imediato, qualquer leitor. Acredito, entretanto, que deva haver um esforço no sentido de que cada vez mais se reduza a distância entre escritor e leitor. Seja porque o leitor se aproprie de instrumentos que lhe permitam a compreensão cada vez maior de elementos complexos, seja porque o escritor aceite o desafio de simplificar — nunca empobrecer! — sua comunicação.

> O outro é a medida: é para o outro que se produz o texto. E o outro não se inscreve no texto apenas no seu processo de produção de sentidos na leitura. O outro insere-se já na produção, como condição necessária para que o texto exista. É porque se sabe do outro que um texto acabado não é fechado em si mesmo. Seu sentido, por maior precisão que lhe queira dar seu autor, e ele o sabe, é já na produção um sentido construído a dois. Quanto mais, na produção, o autor imagina leituras possíveis que pretende afastar, mais a construção do texto exige do autor o fornecimento de pistas para que a produção do sentido na leitura seja mais próxima ao sentido que lhe quer dar o autor. (Geraldi, 1991:102)

A experiência vivenciada em minha participação no PROFORMAÇÃO[3] me proporcionou uma reflexão sobre a comunicação docente, algo que se problematiza no espaço da Didática. Tive o desafio de, sem reduzir ou vulgarizar, tornar acessível ao professor alguns conceitos científicos e filosóficos e estimular, por intermédio deles, o exercício da reflexão. Tirei daí lições sig-

---

3. Ver *Introdução*, p. 17. Além da redação dos textos, tenho participado de encontros nos quais se faz a capacitação dos educadores que trabalham nas Agências Formadoras.

nificativas para minha prática docente. Acredito que este foi um esforço de continuar fazendo, de verdade, uma filosofia *para* a educação.

Por outro lado, aí esteve a contribuição da Didática *para* a Filosofia. Olhar meu gesto de ensinar à luz desta contribuição estimulou meu esforço no sentido de aprimorar o trabalho, procurando aproximá-lo cada vez mais da realidade dos professores. Confirma-se a ideia de que o desafio de ser *professor de professores* traz todo dia a necessidade de olhar para a experiência do aprendiz que é ensinante, ou que pretende sê-lo, e assim ver melhor o trabalho de ensinante-aprendiz.

Esse trabalho, vale repetir, só serve para procurar fazer a vida melhor. Se nos incomodamos com o "só", assim colocado, podemos tirá-lo. E teríamos: esse trabalho serve para procurar fazer a vida melhor. Mas é preciso incluí-lo, de outro modo: esse trabalho — e todo saber nele envolvido — só serve se procurar fazer a vida da melhor qualidade.

BIBLIOGRAFIA

ABDALLA, Maria de Fátima B. *Formação e desenvolvimento profissional do professor:* o aprender da profissão *(Um estudo em escola pública).* São Paulo: FE/USP, 2000. Tese de doutorado em Educação.

AB'SABER, Aziz et al. *Prospectivas — à beira do novo milênio.* São Leopoldo: Editora Unisinos, 1995.

ALBUQUERQUE, Maria Betânia B. *Filosofia da educação:* uma disciplina entre a dispersão dos conteúdos e a busca de uma identidade. Belo Horizonte: FE/UFMG, 1996. Dissertação de mestrado em Educação.

ALVES, Nilda (org.). *Formação de professores — pensar e fazer.* São Paulo: Cortez, 1992.

ANASTASIOU, Léa G. C. *Metodologia do ensino superior: da prática docente a uma possível teoria pedagógica.* Curitiba: Ibpex, 1998.

ANDRADE, Sonia V. *A palavra poética e a palavra filosófica no "Grande Sertão: Veredas".* Belo Horizonte: UFMG, 1977. Dissertação de mestrado em Filosofia.

ANDRÉ, Marli E. D. A.; OLIVEIRA, Maria Rita N. S. (orgs.). *Alternativas do ensino de didática.* Campinas: Papirus, 1997.

ANDRIOLA, Wagner B. Evaluación: la via para la calidad educativa. *Ensaio: avaliação e políticas públicas em educação*, Rio de Janeiro, v. 7, n. 25, out./dez.1999.

APEL, Karl-Otto. *Estudos de moral moderna.* Petrópolis: Vozes, 1994.

ARENDT, Hannah. *Entre o passado e o futuro*. São Paulo: Perspectiva, 1972.

_____. *A dignidade da política*. Rio de Janeiro: Relume-Dumará, 1993.

_____. *O que é política?* Rio de Janeiro: Bertrand Brasil, 1998.

ARISTÓTELES. *A Ética*. Rio de Janeiro: Ediouro, s.d.

ARROYO, Miguel. Qualidade total na educação — total mesmo? *Olho Aberto*. Belo Horizonte: Assembleia Legislativa, 1992.

_____. *Qualidade na educação*. S.d., mimeo.

ASSMANN, Hugo. *Reencantar a educação — rumo à sociedade aprendente*. Petrópolis: Vozes, 1998.

AZEVEDO, Janete M. L. A temática da "qualidade" e a política educacional do Brasil. In: *ANPED, 17ª*. Caxambu, 1994. (GT — Estado e Política educacional no Brasil)

BARBOSA, Maria Carmen. Escola de qualidade total: a consolidação do projeto neoliberal de educação. In: *ANPED, 17ª*. Caxambu, 1994. (GT — Ensino Fundamental)

BARROCO, Maria Lúcia S. *Ontologia social e reflexão ética*. São Paulo: PUC, 1996. Tese de doutorado em Serviço Social.

BAUMAN, Zygmunt. *O mal-estar da pós-modernidade*. Rio de Janeiro: Jorge Zahar Ed., 1998.

BENEDITO ANTOLIN, Vicente. *Introducción a la Didáctica — Fundamentación teórica y diseño curricular*. Barcelona: Editorial Barcanova, 1987.

_____. La didáctica como espacio y área de conocimiento — fundamentación teórica e investigación didáctica. *Anais do VIII ENDIPE — Conferências, Simpósios, Mesas Redondas*, v. 2. Florianópolis, 1996.

BERGER, Peter; LUCKMANN, R. *A construção social da realidade*. Petrópolis: Vozes, 1973.

BERMAN, Marshall. *Tudo que é sólido desmancha no ar*. São Paulo: Companhia das Letras, 1986.

BOFF, Leonardo. *Saber cuidar: ética do humano — compaixão pela terra*. Petrópolis: Vozes, 1999.

BORDIN, Luigi. Razão pós-moderna. In: HÜHNE, Leda Miranda (org.). *Razões*. Rio de Janeiro: Uapê, 1994.

BOSCH, Philippe van den. *A filosofia e a felicidade*. São Paulo: Martins Fontes, 1998.

BRASIL. Ministério da Educação. Secretaria de Educação Fundamental. *Parâmetros Curriculares Nacionais: apresentação dos temas transversais, ética*. Brasília: MEC/SEF, 1997.

BRASIL. Ministério da Educação. Secretaria de Educação Média e Tecnológica. *Parâmetros Curriculares Nacionais: ensino médio*. Brasília: Ministério da Educação, Secretaria de Educação Média e Tecnológica, 1999.

BUORO, Anamelia B. *O olhar em construção — uma experiência de ensino e aprendizagem de arte na escola*. São Paulo: Cortez, 1996.

CAMPOS, Vicente Falconi. *Controle da Qualidade Total (no estilo japonês)*. Belo Horizonte: Fundação Cristiano Otoni-Escola de Engenharia da UFMG, 1992.

CANCLINI, Néstor García. La modernidad después de la posmodernidad. In: BELLUZZO, Ana Maria de M. (org.). *Vanguardas artísticas na América Latina. Cadernos de Cultura*. São Paulo: UNESP-Memorial da América Latina, v. 1, 1990.

_____. *Consumidores e cidadãos — conflitos multiculturais da globalização*. Rio de Janeiro: Editora UFRJ, 1997.

CANIVEZ, Patrice. *Educar o cidadão?* Campinas: Papirus, 1991.

CANTO-SPERBER, Monique. *Dictionnaire d'éthique et de philosophie morale*. 2. ed. Paris: PUF, 1997.

_____. Ni rupture, ni conciliation. *Magazine littéraire*. N. 361, jan.1998.

CARR, Wilfred. *Una teoría para la educación — hacia una investigación educativa crítica*. Madrid: Ediciones Morata-Fundación Paideia, 1996.

CHAUI, Marilena. *Convite à filosofia*. São Paulo: Ática, 1994.

_____. Ética e violência. In: *Colóquio Interlocuções com Marilena Chaui*. Londrina, 1998, mimeo.

_____. *Cultura e democracia — o discurso competente e outras falas*. 8. ed. São Paulo: Cortez, 2000.

COELHO, Ildeu M. Formação do educador: dever do Estado, tarefa da universidade. In: *Formação do educador*. São Paulo: Editora UNESP, v. 1, 1996.

COMÉNIO, João A. *Didáctica Magna*. 3. ed. Lisboa: Fundação Calouste Gulbekian, 1985.

COMPARATO, Fábio K. *Para viver a democracia*. São Paulo: Brasiliense, 1989.

COMTE-SPONVILLE, André. *Pequeno tratado das grandes virtudes*. São Paulo: Martins Fontes, 1996.

CONTRERAS DOMINGO, José. *Enseñanza, currículum y profesorado — introducción crítica a la didáctica*. Madrid: Ediciones Akal, 1990.

_____. *La autonomía del profesorado*. Madrid: Ediciones Morata, 1997.

CORTELLA, Mario S. *A escola e o conhecimento — fundamentos epistemológicos e políticos*. São Paulo: Cortez-Instituto Paulo Freire, 1998.

COSTA, Jurandir F. A ética democrática e seus inimigos — o lado privado da violência pública. In: NASCIMENTO, Elimar P. (org.). *Ética*. Brasília-Rio de Janeiro: Codeplan-Garamond, 1997.

COUTINHO, Carlos N. *Contra a corrente — Ensaios sobre democracia e capitalismo*. São Paulo: Cortez, 2000.

CUNHA, Antonio G. *Dicionário etimológico Nova Fronteira da Língua Portuguesa*. Rio de Janeiro: Nova Fronteira, 1982.

CUNHA, Maria Isabel da. *O bom professor e sua prática*. 2. ed. Campinas: Papirus, 1992.

_____; FERNANDES, C. M. B. Formação continuada de professores universitários: uma experiência na perspectiva da produção do conhecimento. *Rev. Educação Brasileira*. Brasília, 16 (32), 1º sem. 1994.

_____. Profissionalização docente: contradições e perspectivas. In: VEIGA, Ilma P. A.; CUNHA, Maria Isabel da (orgs.). *Desmistificando a profissionalização do magistério*. Campinas: Papirus, 1999.

DAGNINO, Evelina. Os movimentos sociais e a emergência de uma nova noção de cidadania. In: DAGNINO, Evelina (org.). *Os anos 90: política e sociedade no Brasil*. São Paulo: Brasiliense, 1994.

DELORS, Jacques et al. *Educação:* um tesouro a descobrir. Relatório UNESCO. São Paulo: Cortez, 1998.

DEMO, Pedro. *Educação e qualidade*. Campinas: Papirus, 1994.

DREIFUSS, René A. *A época das perplexidades*. Petrópolis: Vozes, 1996.

DRUMMOND DE ANDRADE, Carlos. *Obra completa*. Rio de Janeiro: Aguilar, 1964.

ENGUITA, Mariano F. O discurso da qualidade e a qualidade do discurso. In: GENTILI, Pablo A. A.; SILVA, Tomaz T. (orgs.). *Neoliberalismo, Qualidade Total e Educação*. 2. ed. Petrópolis: Vozes, 1995.

FAZENDA, Ivani (org.). *A pesquisa em educação e a construção do conhecimento*. Campinas: Papirus, 1995.

_____. (org.). *Didática e interdisciplinaridade*. Campinas: Papirus, 1998.

_____. A aquisição de uma formação interdisciplinar de professores. In: FAZENDA, Ivani (org.). *Didática e interdisciplinaridade*. Campinas: Papirus, 1998.

FERRATER MORA, José. *Diccionario de filosofia*. Buenos Aires: Editorial Sudamericana, 1971.

FERREIRA, Aurélio B. H. *Novo dicionário da Língua Portuguesa*. Rio de Janeiro: Nova Fronteira, 1975.

FERREIRA, Nilda Teves. *Cidadania — uma questão para a educação*. Rio de Janeiro: Nova Fronteira, 1993.

FIDALGO, Fernando S.; MACHADO, Lucília R. de S. (orgs.). *Controle da Qualidade Total — uma nova pedagogia do capital*. Belo Horizonte: Movimento de Cultura Marxista, 1994.

FRANCO, Maria Laura P. B. *Qualidade Total na formação profissional: do texto ao contexto*. São Paulo, 1994, mimeo.

FREIRE, Paulo. *Política e educação*. São Paulo: Cortez, 1993.

_____. *Pedagogia da autonomia: saberes necessários à prática educativa*. Rio de Janeiro: Paz e Terra, 1997.

FREITAS, Luís Carlos de. *Crítica da organização do trabalho pedagógico e da didática*. Campinas: Papirus, 1995.

FUSARI, José C.; RIOS, Terezinha A. Formação continuada dos profissionais do ensino. *Cadernos CEDES*, Campinas, n. 36, 1996.

FUSARI, Maria F. R. Comunicação, mídias e aulas de professores em formação: novas pesquisas?. *Endipe 9*. Águas de Lindoia, 1998. *Conferências, Mesas-Redondas e Simpósios*, v. 1, pp. 238-256.

_____; FERRAZ, Maria Heloísa C. T. *Arte na educação escolar*. São Paulo: Cortez, 1992.

GAARDER, Jostein. *O mundo de Sofia*. São Paulo: Companhia das Letras, 1995.

GALEANO, Eduardo. *O livro dos abraços*. Rio de Janeiro: L & PM, 1991.

_____. *As palavras andantes*. Rio de Janeiro: L & PM, 1994.

GARCIA MORENTE, Manuel. *Fundamentos de filosofia — Lições preliminares*. São Paulo: Mestre Jou, 1964.

GENTILI, Pablo A. A. O discurso da "qualidade" como nova retórica conservadora. In: GENTILI, Pablo A. A. & SILVA, Tomaz T. (orgs.). *Neoliberalismo, Qualidade Total e Educação*. 2. ed. Petrópolis: Vozes, 1995.

_____; SILVA, Tomaz T. (orgs.). *Neoliberalismo, Qualidade Total e Educação*. 2. ed. Petrópolis: Vozes, 1995.

GERALDI, Corinta M. G. et al. (orgs.). *Cartografias do trabalho docente*. Campinas: Mercado de Letras/ALB, 1998.

GERALDI, J. Wanderley. *Portos de passagem*. São Paulo: Martins Fontes, 1991.

GIMENO SACRISTÁN, José. *Poderes inestables en educación*. Madrid: Ediciones Morata, 1998.

_____; PÉREZ GÓMEZ, Ángel. 4. ed. *Compreender e transformar o ensino*. Porto Alegre: Artes Médicas, 1998.

GIROUX, Henry A. *Os professores como intelectuais — rumo a uma pedagogia crítica da aprendizagem*. Porto Alegre: Artes Médicas, 1997.

_____. *Cruzando as fronteiras do discurso educacional — Novas políticas em educação*. Porto Alegre: Artes Médicas, 1999.

GOMES, Marineide O.; MENDES, Olenir M. Lembranças do "bom professor". *Presença Pedagógica*, Belo Horizonte, v. 5, n. 26, mar./abr. 1999.

GONTIJO, Eduardo Dias. A psicanálise entre a ciência e a ética. *Síntese: Nova Fase*, v. 24, n. 78, 1997.

_____. Ética e conhecimento. *Síntese: Nova Fase*, v. 25, n. 81, 1998.

GONZÁLEZ, Juliana. *El ethos, destino del hombre*. México: Fondo de Cultura Económica, 1996.

GUIMARÃES ROSA, João. *Grande sertão: veredas*. Rio de Janeiro: José Olympio, 1965.

GUSDORF, Georges. *Professores, para quê?* Lisboa: Livraria Morais Editora, 1967.

HABERMAS, Jürgen. *O discurso filosófico da modernidade*. Lisboa: Publicações Dom Quixote, 1990.

_____. *Escritos sobre moralidad y eticidad*. Barcelona-Buenos Aires-México: Paidós-I.C.E. de la Universidad Autónoma de Barcelona, 1991.

HARGREAVES, Andy. *Profesorado, cultura y postmodernidad*. Madrid: Morata, 1995.

HELLER, Agnes. *A filosofia radical*. São Paulo: Brasiliense, 1983.

_____; FEHÉR, Ferenc. *A condição política pós-moderna*. Rio de Janeiro: Civilização Brasileira, 1998.

HOBSBAWM, Eric. "Século dos extremos". *Veja*, São Paulo, n. 1386, abr. 1995. Entrevista.

_____. *Era dos extremos. O breve século XX — 1914-1991*. São Paulo: Companhia das Letras, 1997.

HOOKS, Bel. *Teaching to Trangress — Education as the practice of freedom*. New York: Routledge, 1994.

JAPIASSU, Hilton. *Um desafio à filosofia: pensar-se nos dias de hoje*. São Paulo: Letras & Letras, 1997.

KEMMIS, Stephen. La teoría de la práctica educativa. In: CARR, W. *Una teoría para la educación — hacia una investigación educativa crítica*. Madrid: Ediciones Morata-La Coruña- Fundación Paideia, 1996.

KINCHELOE, Joe L. *A formação do professor como compromisso político*. Porto Alegre: Artes Médicas, 1998.

LARROSA, Jorge. Saber y educación. *Educação & Realidade*, 22(1), jan./jun. 1997.

_____; LARA, Nuria P. de (orgs.). *Imagens do outro*. Petrópolis: Vozes, 1998.

LE BIHAN, Christine. *Les grands problèmes de l'éthique*. Paris: Seuil, 1997.

LÉVINAS, Emmanuel. *Éthique et infini*. Paris: Fayard, 1982. (Col. Biblio essais n. 4018)

LIBÂNEO, José Carlos. *Didática*. São Paulo: Cortez, 1991. (Col. Magistério 2º grau).

LIBÂNEO, José Carlos. Algumas abordagens contemporâneas de temas da educação e repercussão na didática. *Anais do VIII ENDIPE — Conferências, Simpósios e Mesas-Redondas*, v. II. Florianópolis, 1996.

_____. Educação: pedagogia e didática — o campo investigativo da pedagogia e da didática no Brasil: esboço histórico e buscas de identidade epistemológica e profissional. In: PIMENTA, Selma (org.). *Didática e formação de professores*. São Paulo: Cortez, 1997.

_____. *Adeus professor, adeus professora? Novas exigências educacionais e profissão docente*. São Paulo: Cortez, 1998a.

_____. *Pedagogia e pedagogos, para quê?* São Paulo: Cortez, 1998b.

_____. As mudanças na sociedade, a reconfiguração da profissão de professor e a emergência de novos temas na didática. *Anais II do IX ENDIPE — Conferências, Mesas-Redondas e Simpósios*, Águas de Lindoia, v. 1, 1998c.

LIPOVETSKY, Giles. *O crepúsculo do dever*. Lisboa: Publicações Dom Quixote, 1994.

_____. *A era do vazio*. Lisboa: Relógio d'Água, s.d.

LYOTARD, Jean-François. *O pós-moderno*. Rio de Janeiro: José Olympio Editora, 1986.

MACHADO, Lucília R. de S. Controle da Qualidade Total: uma nova gestão do trabalho, uma nova pedagogia do capital. In: FIDALGO, Fernando S.; MACHADO, Lucília R. de S. (orgs.). *Controle da Qualidade Total — uma nova pedagogia do capital*. Belo Horizonte: Movimento de Cultura Marxista, 1994.

MADURO, Otto. *Mapas para a festa*. Petrópolis: Vozes, 1994.

MARIN, Alda J. A construção do conhecimento sobre o trabalho docente e a Didática em suas várias feições. In: MARIN, Alda J. (coord.). *Didática e trabalho docente*. Araraquara: J. M. Editora, 1996.

MARINA, José A. *Ética para náufragos*. Lisboa: Editorial Caminho, 1996.

MARX, Karl. *El capital — crítica de la economia política*. 4. ed. México-Buenos Aires: Fondo de Cultura Económica, 1966.

MATURANA, Humberto. *Emoções e linguagem na educação e na política*. Belo Horizonte: Editora UFMG, 1998.

MELLO, Guiomar N. de. *Magistério de 1º grau — da competência técnica ao compromisso político*. São Paulo: Cortez-Autores Associados, 1982.

MEZOMO, João C. *Gestão da qualidade na saúde — princípios básicos*. São Paulo: Universidade de Guarulhos, 1995.

MISRAHI, Robert. *Qu'est-ce que l'éthique?* Paris: Armand Colin, 1997.

MORIN, Edgar. *Introdução ao pensamento complexo*. Lisboa: Instituto Piaget, s.d.

_____ et al. *Ética, solidariedade e complexidade*. São Paulo: Palas Athena, 1998.

NICOL, Eduardo. *El porvenir de la filosofia*. México: Fondo de Cultura Económica, 1997.

NODARI, Paulo Cesar. A ética aristotélica. *Síntese: Nova Fase*. Belo Horizonte, v. 24, n. 78, 1997.

NÓVOA, Antonio (coord.). *Os professores e sua formação*. Lisboa: Publicações Dom Quixote, 1992.

OAKESHOTT, M. Aprendizagem e ensino. In: PETERS, R. S. London: Routledge, 1968. (Trad. Helena Meidani e José Sérgio Carvalho)

OLIVEIRA, Maria Rita S. *A reconstrução da Didática — Elementos teóricos metodológicos*. 2ª ed. Campinas: Papirus, 1993.

OLIVEIRA, Manfredo. *Ética e racionalidade moderna*. São Paulo: Loyola, 1993.

OSTROWER, Fayga. *Universos da arte*. Rio de Janeiro: Campus, 1986.

_____. *Criatividade e processos de criação*. Petrópolis: Vozes, 1987.

_____. *A sensibilidade do intelecto*. Rio de Janeiro: Campus, 1998.

PENA-VEGA, Alfredo; NASCIMENTO, Elimar P. *O pensar complexo — Edgar Morin e a crise da modernidade*. Rio de Janeiro: Garamond, 1999.

PEREIRA, Marcos V. *A estética da professoralidade — um estudo interdisciplinar sobre a subjetividade do professor*. São Paulo: PUC, 1997. Tese de doutorado em Educação.

PÉREZ GÓMEZ, Ángel I. *La cultura escolar en la sociedad neoliberal*. 2. ed. Madrid: Ediciones Morata, 1999.

PERRENOUD, Phillipe. *Práticas pedagógicas, profissão docente e formação — perspectivas sociológicas*. Lisboa: Publicações Dom Quixote, 1993.

PERRENOUD, Phillipe. *Ofício do aluno e sentido do trabalho escolar*. Porto: Porto Editora, 1995.

_____. *Enseigner: agir dans l'urgence, décider dans l'incertitude*. Paris: ESF, 1996.

_____. *Construire des compétences dès l'école*. Paris: ESF, 1997.

_____. *Avaliação — da excelência à regulação das aprendizagens. Entre duas lógicas*. Porto Alegre: Artes Médicas, 1999.

_____. *10 novas competências para ensinar*. Porto Alegre: Artes Médicas, 2000.

PESSANHA, José Américo. *A ética do cotidiano*. Perspectiva Universitária. Junho, 1993, p. 3. Entrevista.

PETERS, F. E. *Termos filosóficos gregos — um léxico histórico*. Lisboa: Fundação Calouste Gulbekian, 1974.

PIMENTA, Selma G. *O estágio na formação de professores — unidade teoria e prática?* São Paulo: Cortez, 1994.

_____. (coord.). *Pedagogia, ciência da educação?* São Paulo: Cortez, 1996.

_____. Formação de professores — os saberes da docência. In: *Anais do III Simpósio Nacional de Educação — Desafios e Perspectivas para o Novo Século*. Frederico Westphalen: Ed. URI, 1997a.

_____. A Didática como mediação na construção da identidade do professor — uma experiência de ensino e pesquisa na Licenciatura. In: ANDRÉ, Marli E. D. A.; OLIVEIRA, Maria Rita N. S. (orgs.). *Alternativas no ensino de Didática*. Campinas: Papirus, 1997b.

_____. Para uma re-significação da Didática — ciências da educação, pedagogia e didática (uma revisão conceitual e uma síntese provisória). In: PIMENTA, Selma G. (org.). *Didática e formação de professores: percursos e perspectivas no Brasil e em Portugal*. São Paulo: Cortez, 1997c.

_____. A prática (e a teoria) docente — re-significando a Didática. In: OLIVEIRA, Maria Rita N. S. (org.). *Confluências e divergências entre didática e currículo*. Campinas: Papirus, 1998.

_____. *Saberes pedagógicos e atividade docente*. São Paulo: Cortez, 1999.

PINSKY, Jaime. *Cidadania e educação*. São Paulo: Contexto, 1998.

PINTO, Álvaro V. *Ciência e existência*. Rio de Janeiro: Paz e Terra, 1969.

PONCE, Branca J. *A aula como instrumento de transformação social.* São Paulo: PUC, 1989. Dissertação de mestrado em Educação.

_____. *O tempo na construção da docência.* São Paulo: PUC, 1997a. Tese de doutorado em Educação.

_____. Ofício, construção e tecelagem. *Série Acadêmica*, n. 7, Campinas: PUC-Campinas, 1997b.

PRADO, Adélia. *Terra de Santa Cruz.* Rio de Janeiro: Nova Fronteira, 1981.

PUIG, Josep Maria. *Ética e valores: métodos para um ensino transversal.* São Paulo: Casa do Psicólogo, 1998.

RAMOS, Cosette. O Programa da Qualidade Total na Educação: visão de uma educadora. *Revista do COGEIME*, ano 3, n. 4, 1994.

RICOEUR, Paul. *Em torno ao político.* São Paulo: Loyola, 1995.

RIOS, Terezinha A. O caminho do educador. *Seminário sobre avaliação educacional.* São Paulo: Cenafor, 1983.

_____. A exploração do possível — ponto de partida para o desejável. *Cadernos CEDES*, nº 21, São Paulo: Cortez-CEDES, 1988. (*Encontros e Desencontros da Didática e da Prática de Ensino*)

_____. Significado e pressupostos do projeto pedagógico. *Ideias*, v. 15, São Paulo: FDE, 1992.

_____. *Ética e competência.* São Paulo: Cortez, 1993a.

_____. A autonomia como projeto — horizonte ético-político. *Ideias*, v. 16, São Paulo: FDE, 1993b.

_____. Ética, competência e direitos humanos. *Muito Mais*, São Paulo: ano III, n. 15, mar. 1994.

_____. Ética e interdisciplinaridade. In: FAZENDA, Ivani. *A pesquisa em educação e as transformações do conhecimento.* Campinas: Papirus, 1995a.

_____. De educação e alegria: corpo docente. *Revista Presença Pedagógica.* Belo Horizonte, ano 1, n. 1, jan./fev. 1995b.

_____. A Pedagogia Freinet e a educação para o terceiro milênio. *Simpósio da Pedagogia Freinet*, 1. São Paulo: PUC-SP, 1996a.

_____. Educação, ética, cidadania. *Cadernos novo ângulo.* São Paulo: Escola Novo Ângulo, 1996b.

RIOS, Terezinha A. Significado de "inovação" em educação: compromisso com o novo ou com a novidade? *Série Acadêmica*. n. 5, Campinas: PUCCAMP, 1996c.

_____. A dimensão ética da profissão. *Hypnos*, n. 3. São Paulo: Educ--Palas Athena, 1997.

_____. Projeto pedagógico: uma construção coletiva. In: *Seminários de atualização pedagógica*. Bragança Paulista: USF, 1998.

RODRIGUES, Neidson. *Da mistificação da escola à escola necessária*. São Paulo: Cortez-Autores Associados, 1987.

_____. *Elogio à educação*. São Paulo: Cortez, 1999.

ROJO, Martín R. *Hacia una didáctica crítica*. Madrid: Editorial La Muralla, 1997.

ROPÉ, Françoise; TANGUY, Lucie (orgs.). *Saberes e competências: o uso de tais noções na escola e na empresa*. Campinas: Papirus, 1997.

ROSA, Sanny S. da. *Brincar, conhecer, ensinar*. São Paulo: Cortez, 1998.

SANTOMÉ, Jurjo T. *Globalização e interdisciplinaridade*. Porto Alegre: Artes Médicas, 1998.

SANTOS, Boaventura S. *Pela mão de Alice — o social e o político na pós-modernidade*. 7. ed. São Paulo: Cortez, 2000.

SAUTET, Marc. *Un café pour Socrate*. Paris: Robert Laffont, 1995.

SAVATER, Fernando. *Ética para meu filho*. São Paulo: Martins Fontes, 1993.

_____. *O conteúdo da felicidade — uma alegação reflexiva contra superstições e ressentimentos*. Lisboa: Relógio d'Água, 1995.

_____. *Política para meu filho*. São Paulo: Martins Fontes, 1996.

_____. *El valor de educar*. Barcelona: Editora Ariel, 1997.

SAVIANI, Dermeval. Escola e democracia: para além da "teoria da curvatura da vara". Rev. *ANDE*, São Paulo, ano 1, n. 3, 1982.

_____. Competência política e compromisso técnico (ou o pomo da discórdia e o fruto proibido). *Educação & Sociedade*, São Paulo, ano 5, n. 15, ago. 1983.

SCHMELKES, Sylvia. *Hacia una mejor calidad de nuestras escolas*. Washington: OEA, 1994. (Col. INTERARMER, nº 32)

SCHON, Donald A. Formar professores como profissionais reflexivos. In: NÓVOA, Antonio. *Os Professores e sua Formação*. Lisboa: Publicações Dom Quixote, 1992.

SERBINO, Raquel Volpato (org.). *Formação de professores*. São Paulo: UNESP, 1998.

SEVERINO, Antonio J. A escola de 1º grau: organização e funcionamento. *Ideias*, v. 11, São Paulo: FDE, 1991.

_____. *Filosofia*. São Paulo: Cortez, 1992.

_____. Proposta de um universo temático para a investigação da filosofia da educação — as implicações da historicidade. *Perspectiva*, Florianópolis, n. 19, jan./jun. 1993.

_____. *Filosofia da educação — construindo a cidadania*. São Paulo: FTD, 1994.

_____. Da possibilidade do estatuto científico da didática: um olhar filosófico. *Anais do VIII ENDIPE — Conferências, Simpósios, Mesas Redondas*. Florianópolis, v. 2, 1996.

_____. Sobre as aproximações e diferenças entre didática e currículo: primeiro comentário. In: OLIVEIRA, Maria Rita. *Confluências e divergências entre didática e currículo*. Campinas: Papirus, 1998.

SILVA, Janete B. *Abrindo janelas à noção de competência para a construção de um currículo interdisciplinar*. São Paulo: PUC, 1999. Dissertação de mestrado em Educação.

SILVA, Tomaz T. (org.). *Trabalho, educação e prática social*. Porto Alegre: Artes Médicas, 1991.

SNYDERS, Georges. *A alegria na escola*. São Paulo: Editora Manole Ltda., 1988.

_____. *Y a-t-il une vie après l' école?* Paris: ESF éditeur, 1996.

SOUZA, Herbert (Betinho). Ética e Política. *Tempo e Presença*, Rio de Janeiro, ano 14, n. 263, maio/jun. 1991.

_____. O pão nosso. In: Souza, Herbert J.; RODRIGUES, Carla. *Ética e cidadania*. São Paulo: Moderna, 1994.

_____; RODRIGUES, Carla. *Ética e cidadania*. São Paulo: Moderna, 1994.

SPAEMANN, Robert. *Felicidade e benevolência — Ensaio sobre ética.* São Paulo: Loyola, 1996.

TANGUY, Lucie. Racionalização pedagógica e legitimidade política. In: ROPÉ, Françoise & TANGUY, Lucie (orgs.). *Saberes e competências: o uso de tais noções na escola e na empresa.* Campinas: Papirus, 1997.

TERSSAC, Gilbert de. Savoirs, compétences et travail. In: BARBIER, Jean-Marie (dir.). *Savoirs théoriques et savoirs d'action.* Paris: PUF, 1996.

VAZ, Henrique C. L. *Escritos de filosofia II — ética e cultura.* São Paulo: Loyola, 1988.

_____. *Escritos de filosofia IV — ética filosófica I.* São Paulo: Loyola, 1999.

_____. *Escritos de filosofia V — ética filosófica II.* São Paulo: Loyola, 2000.

VÁZQUEZ, Adolfo S. *Filosofia da praxis.* Rio de Janeiro: Paz e Terra, 1968.

_____. *Ética.* Rio de Janeiro: Civilização Brasileira, 1975.

VEIGA, Ilma P. A. (org.). *Didática: o ensino e suas relações.* Campinas: Papirus, 1996.

_____; CUNHA, Maria Isabel da (orgs.). *Desmistificando a profissionalização do magistério.* Campinas: Papirus, 1999.

VERGNIÈRES, Solange. *Ética e política em Aristóteles.* São Paulo: Paulus, 1998.

VIEIRA, Liszt. *Cidadania e globalização.* Rio de Janeiro: Record, 1997.

VIEIRA, Sofia L. Concepções de qualidade e educação superior. *Universa,* Brasília, v. 3, n. 2, out. 1995.

ZEICHNER, Kenneth M. *A formação reflexiva de professores: ideias e práticas.* Lisboa: Educa, 1993.